Diagramación: Vanessa Estrada Naranjo

Diseño de portada:

Vanessa Estrada Naranjo. (@creativesigner)

Fotografía:

Andrés Galaz (@andresgalaz)

Editorial:

LEGACY PUBLISHERS

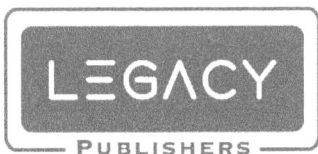

La ciencia del
MATRIMONIO

El arte y la práctica
de amar todos los días

Jhon y Margarita Zambrano

INDICE:

Tabla de contenido

Prólogo

El matrimonio es uno de los compromisos más poderosos y significativos que una persona puede asumir. No solo porque une dos vidas, sino porque exige lo mejor de cada uno, una dedicación diaria que convierte las pequeñas decisiones en los cimientos de un amor auténtico y duradero.

La Ciencia del Matrimonio que Funciona es un libro que explora y revela cómo, a través de principios sólidos y una conexión genuina, cualquier pareja puede construir una relación capaz de enfrentar y superar las pruebas más difíciles de la vida. He visto, una y otra vez, que las relaciones más fuertes son aquellas donde ambos están dispuestos a invertir en un crecimiento mutuo, a desafiarse y a sostenerse en los momentos de mayor adversidad.

Pero el matrimonio exitoso no ocurre por casualidad. Tiene una base tan concreta como cualquier ciencia; requiere principios, prácticas, y una intención consciente. Y en este libro, los autores, quienes han atravesado los altibajos y profundidades de esta unión, te ofrecen no solo teorías, sino herramientas prácticas y efectivas, forjadas en la experiencia y el compromiso. La ciencia detrás de un matrimonio es clara y accesible. Este libro va directo a esa esencia: descubrir las claves que sostienen el amor y el respeto, incluso en medio de desafíos como problemas económicos, cambios drásticos y la crianza de los hijos. Aquí, tú y tu pareja encontrarán un mapa para construir una relación que no solo resista las tormentas, sino que florezca a través de ellas.

Así que, te hago esta pregunta: *¿estás dispuesto a poner en práctica esta ciencia, a comprometerte en una transformación real, y a construir, junto a tu pareja, una relación que realmente funcione?* Porque el amor no es solo emoción; es una decisión consciente. Este libro es tu guía para crear el matrimonio que siempre has soñado, el que mereces y estás destinado a tener. Es tu momento de actuar, de construir el amor que has imaginado y de convertirlo en una realidad duradera.

Spencer Hoffmann

INTRODUCCIÓN

El matrimonio es un viaje fascinante, un compromiso profundo y sagrado que nos reta a diario. Pero, ¿qué pasa cuando el amor que una vez parecía indestructible comienza a desmoronarse? ¿Qué hacemos cuando las pequeñas discusiones se convierten en montañas y las promesas parecen cada vez más difíciles de cumplir?

En un mundo donde las soluciones rápidas y el desinterés han ganado terreno, donde la separación parece ser la respuesta más sencilla y el compromiso es cada vez más frágil, nos encontramos frente a una realidad dolorosa: las familias, el corazón de la sociedad, están en riesgo.

Este libro fue creado para las parejas que se encuentran al borde de la desesperanza, para aquellos que alguna vez soñaron con un "para siempre" y hoy enfrentan días llenos de dudas. Es un mensaje de aliento para quienes, después de años de amor, ahora sienten que la rutina y la monotonía han robado la chispa de su relación. Y también es una guía espiritual para todos aquellos que creen que su matrimonio puede ser renovado, fortalecido y bendecido con la ayuda y la guía de Dios.

Hemos vivido nuestras propias pruebas, enfrentado nuestras propias tormentas, y aprendido que, cuando Dios es el centro de una relación, siempre hay esperanza. Este no es un libro de consejos superficiales ni una lista de pasos mágicos para "salvar" un matrimonio.

Este es un viaje compartido, un testimonio sincero de nuestras experiencias, errores y aprendizajes.

Queremos que, al pasar cada página, sientas que estamos a tu lado, luchando contigo, recordándote que no estás solo y que, aunque el camino pueda ser difícil, la recompensa de un amor profundo y verdadero es inmensa.

Hoy en día, cuando las soluciones rápidas y la independencia parecen la norma, cuando la separación parece más fácil que la reconciliación y el compromiso se debilita ante el primer conflicto, nuestro libro se convierte en un llamado a regresar a lo esencial. Nos invita a recordar que el amor es más que un sentimiento pasajero; es una decisión diaria, un acto de fe, y, sobre todo, un compromiso con algo más grande que nosotros mismos.

Al leer estas páginas, descubrirás herramientas prácticas y lecciones espirituales para restaurar, reavivar y fortalecer tu relación.

Este libro está diseñado para ayudarte a superar las dificultades, las crisis y la monotonía que amenazan a tantas parejas. Te ayudará a descubrir el arte de la comunicación sincera, la importancia del perdón profundo, y el poder transformador de la fe.

A través de nuestra experiencia y con la guía de Dios, queremos mostrarte que incluso los momentos más oscuros pueden dar paso a una relación renovada y feliz. Porque creemos firmemente que las parejas fuertes son la base de familias fuertes, y que las familias fuertes son la columna vertebral de una sociedad saludable y feliz.

Cuando las parejas viven en armonía, con amor y compromiso, están sembrando una semilla de esperanza para las futuras generaciones.

Cada acto de amor, cada esfuerzo por permanecer juntos, cada sacrificio por perdonarse y volver a empezar es un legado que dejarán para sus hijos y nietos. Este libro es una invitación a construir esa herencia juntos.

Así que, si alguna vez has pensado en rendirte, si alguna vez has sentido que el amor se está desvaneciendo o si simplemente deseas salir de la rutina para vivir una relación más plena, este libro es para ti.

No te prometemos un camino sin obstáculos, pero te aseguramos que cada paso que des será más fuerte, más significativo y más lleno de propósito. Al final, creemos que encontrarás lo que Dios ha planeado para tu relación: un amor que sobrevive, crece y florece a pesar de cualquier tormenta.

Capítulo 1

La Ciencia del Matrimonio.

El amor, aunque parece un misterio, también tiene su parte de ciencia. No es solo emoción; es también acción, intención y aprendizaje constante. Así como existen leyes universales que rigen la física, también hay principios que guían una relación de pareja exitosa. Este capítulo te invita a descubrir cómo la ciencia del matrimonio puede transformar tu relación y convertir los retos en oportunidades de crecimiento.

¿El amor es solo química?

El amor es una de las fuerzas más poderosas de la humanidad, pero también una de las menos comprendidas. Durante siglos, poetas, filósofos y artistas han intentado descifrar su esencia. Sin embargo, la ciencia ha logrado diseccionar sus misterios con una precisión impresionante.

Desde el punto de vista biológico, el amor es un complejo cóctel de sustancias químicas. La dopamina nos da esa sensación de euforia cuando nos enamoramos, la oxitocina fortalece el vínculo emocional, y la vasopresina juega un rol clave en la lealtad y la estabilidad de una relación a largo plazo. Es decir, el amor tiene su propia "fórmula" biológica.

Pero, ¿es suficiente la química para garantizar un matrimonio feliz y duradero? Definitivamente no. La química inicia el fuego, pero es la decisión diaria de amar, respetar y crecer juntos lo que mantiene viva la llama.

1. El Amor No Es Casualidad: Es Elección y Práctica

El amor no se basa en la suerte o el destino. La ciencia muestra que el amor es una decisión diaria. Estudios en psicología de relaciones confirman que las parejas más felices no son las que nunca pelean, sino las que saben cómo reconciliarse y aprender de los desacuerdos. Aquí te compartimos algunas prácticas clave:

- **Reconocer y validar los sentimientos del otro**.

  Esto no significa estar de acuerdo, sino comprender cómo se siente tu pareja.

- **Evitar la crítica destructiva**.

La crítica constante desgasta la relación. En su lugar, utiliza la comunicación asertiva para expresar tus necesidades.

- **Tomar decisiones conjuntas.** Las investigaciones muestran que cuando las parejas toman decisiones juntos, sienten más compromiso y menos resentimiento.

Reflexión:

¿Cuándo fue la última vez que decidiste amar a tu pareja a pesar de los desafíos? Recuerda que el amor no es automático, es una elección que se renueva todos los días.

2. La Química del Amor: Más Allá de la Atracción Inicial

Cuando comenzamos una relación, la dopamina y la oxitocina inundan nuestro cerebro, generando sensaciones de euforia y conexión. Sin embargo, esta "química inicial" no dura para siempre. La buena noticia es que podemos crear nuevas explosiones de química a lo largo de la relación.

Cómo mantener la química viva:

- **Priorizar el tiempo de calidad juntos.**

  No se trata de cantidad, sino de calidad. Pequeños gestos, como una cena sorpresa o una cita especial, avivan la chispa.

- **Desafíos compartidos.**

  Las investigaciones muestran que las parejas que enfrentan retos juntos generan una conexión más fuerte. Intenta actividades fuera de la rutina.

- **Contacto físico intencional.**

  Los abrazos, caricias y besos liberan oxitocina, conocida como la "hormona del amor".

3. El Arte de Resolver Conflictos Sin Destruir la Relación

El conflicto no es el problema, la forma de manejarlo sí. La investigación de John Gottman revela que el 69% de los problemas en pareja son "perpetuos", es decir, no se resuelven, solo se gestionan. La clave no está en "ganar", sino en **entender y respetar la perspectiva del otro**.

Estrategias para resolver conflictos de forma saludable:

1. Escucha activa.

En lugar de preparar tu respuesta mientras tu pareja habla, escúchalo de verdad.

2. Evita el desprecio, la crítica y la actitud defensiva.

Estos "Cuatro Jinetes del Apocalipsis" según Gottman predicen el fin de la relación si no se controlan.

3. Acuerdos previos.

Algunas discusiones nunca se resolverán por completo. Decide cómo se manejarán antes de que surjan.

4. Dinámica en pareja:

Identifiquen juntos un "tema perpetuo" que siempre causa conflicto. Hablen de cómo pueden abordarlo de forma diferente esta vez.

El Matrimonio No Se Trata de Ser Felices, Sino de Ser Valientes

Hay una frase que suele repetirse en las ceremonias de boda: "En la alegría y en la tristeza, en la salud y en la enfermedad...". Pero, ¿cuánto de verdad hay en esas palabras? La ciencia y la experiencia muestran que el amor no es solo felicidad constante. De hecho, los momentos de reto son los que ponen a prueba la verdadera fuerza de la relación.

Claves para entender esta verdad:

- **Las relaciones fáciles no existen**, pero las relaciones fuertes sí.

La diferencia radica en la capacidad de ambos para enfrentar los momentos difíciles.

- **Los desafíos no son el enemigo.** Los conflictos no son una señal de que el amor está fallando, sino una oportunidad de crecimiento.

- **La valentía se construye juntos.** Cada obstáculo superado en pareja no solo fortalece la relación, sino también la confianza mutua.

4: El matrimonio como un proyecto de vida

En una era donde la individualidad es promovida, el matrimonio puede parecer un compromiso desafiante. Sin embargo, las parejas más felices son aquellas que ven su relación como un "proyecto de vida conjunto".

Compartir una visión y propósito común fortalece el vínculo y mantiene la conexión en tiempos difíciles. Estudios han demostrado que las parejas que establecen metas conjuntas y trabajan en su crecimiento mutuo tienen una tasa más alta de satisfacción y estabilidad.

5: Fe y ciencia: ¿El matrimonio es un experimento divino?

La ciencia nos da explicaciones fascinantes sobre el matrimonio, pero hay algo que no puede medir: el poder de la fe y el compromiso profundo.

Muchos principios bíblicos sobre el amor y el matrimonio tienen una correlación con lo que la ciencia ha descubierto. La paciencia, la bondad, la fidelidad y la compasión, valores promovidos en la Biblia, también han sido identificados en estudios psicológicos como factores determinantes en relaciones exitosas.

El matrimonio no es un contrato, es un pacto. Un compromiso que trasciende lo físico y emocional, y se convierte en una elección diaria de construir un futuro juntos.

Conclusión

La ciencia del matrimonio no se trata de fríos estudios o teorías complejas. Es la mezcla perfecta entre acción, decisión y amor constante. Cuando comprendes los principios científicos y espirituales que rigen tu relación, puedes fortalecerla desde la raíz. No se trata de esperar que todo salga bien por arte de magia, sino de crear esa "magia" todos los días con compromiso, amor y aprendizaje continuo.

Llamado a la acción:

Reflexiona sobre qué principios de la ciencia del matrimonio estás dispuesto a aplicar esta semana. Toma acción ahora, porque el amor es ciencia y arte en acción.

Si alguna vez has sentido que el matrimonio es un misterio indescifrable, aquí descubrirás que es una ciencia exacta… y tú puedes dominarla. Las relaciones más fuertes no son las que nunca enfrentan tormentas, sino las que han aprendido a navegar en medio de ellas.

Bienvenido a **La Ciencia del Matrimonio**. Aquí aprenderás cómo convertir el amor en una fórmula infalible para la felicidad y el crecimiento conjunto.

Eclesiastés 4:9-12

"Más valen dos que uno, porque obtienen más fruto de su esfuerzo. Si caen, el uno levanta al otro. ¡Ay del que cae y no tiene quien lo levante! Además, si dos se acuestan juntos, entrar en calor. Pero uno solo, ¿cómo va a calentarse? Uno solo puede ser vencido, pero dos pueden resistir. La cuerda de tres hilos no se rompe fácilmente."

Capítulo 2

IDENTIFICANDO LAS TORMENTAS EN LA RELACIÓN.

"Y descendió la lluvia, y vinieron ríos, y soplaron vientos, y golpearon contra aquella casa; y no cayó, porque estaba fundada sobre la roca" (Mateo 7:25).

¿Alguna vez has tenido una de esas discusiones que comienzan con algo tan simple como "¿Por qué dejaste la toalla en el suelo?" y, antes de darte cuenta, estás hablando de algo que pasó hace tres años? Las relaciones de pareja son así; no siempre es necesario un gran relámpago para que caiga una tormenta. A veces, llega de la mano de un pequeño detalle cotidiano que, sin saberlo, lleva meses acumulando nubes en el horizonte.

En las relaciones de pareja, los problemas no siempre se presentan como una gran crisis de película. No siempre hay música dramática de fondo ni escenas de despedida bajo la lluvia. La mayoría de las veces, las primeras "nubes" llegan en los momentos más simples y comunes: la tapa del inodoro, el tubo de pasta de dientes, o esa pequeña pila de ropa en el suelo que parece multiplicarse mágicamente. Pequeños gestos que parecen inofensivos y sin importancia, pero que, cuando se repiten sin ser abordados, pueden transformarse en verdaderos huracanes emocionales.

Imagínate: estás tranquilamente un domingo por la mañana, tomándote un café en la cocina, cuando ves por el rabillo del ojo que, otra vez, la toalla está tirada en el suelo del baño. Lo recoges en silencio, pero en el fondo algo empieza a incomodarte. Para el siguiente martes, ya no puedes soportarlo más y haces un comentario al respecto. La conversación empieza tranquila, pero en cuestión de minutos, estás mencionando cómo hace tres años tu pareja también "olvidó" algo importante. Y ahí estamos, en medio de una tormenta generada por algo tan aparentemente simple como una toalla en el suelo.

Este capítulo está diseñado para ayudarte a reconocer esas primeras señales de tormenta, esos pequeños desacuerdos que pueden ser el principio de un conflicto mayor si no se manejan adecuadamente. Nos adentraremos en el fascinante y complejo mundo de la convivencia, un lugar donde la convivencia diaria puede convertirse en una danza de pasos a veces sincronizados y a veces no tanto.

Aprenderemos juntos cómo esos momentos en los que piensas "¡¿Cómo es posible que estemos discutiendo por esto?!" son en realidad pequeñas oportunidades para descubrirnos el uno al otro, para entendernos mejor y, sobre todo, para crecer como pareja.

Con un toque de humor y mucha honestidad, vamos a explorar por qué esas pequeñas diferencias que parecen tan insignificantes pueden transformarse en montañas, y cómo podemos evitarlas o resolverlas cuando se presentan. Porque, si bien es cierto que el amor es poderoso y capaz de mover montañas, la convivencia diaria no siempre es un cuento de hadas. Y es ahí donde entramos nosotros, listos para ayudarte a descubrir el arte de navegar estas pequeñas tormentas antes de que se conviertan en tsunamis. Saber leer las señales de esas "nubes" puede ser la diferencia entre un día soleado y una tormenta, entre un pequeño desacuerdo y una gran discusión.

Entonces, toma este capítulo como una especie de "pronóstico del tiempo" para tu relación.

Vamos a equiparte con el radar necesario para detectar esos vientos sutiles antes de que crezcan. Porque, al final del día, cada relación enfrenta tormentas; la clave está en saber manejarlas juntos, con amor, humor y mucha paciencia.

El Misterio del *"Sí, Haz lo que Quieras"*

Te contaremos una pequeña anécdota, era una tarde de sábado y John y yo estábamos en medio de lo que llamamos "nuestros maratones de limpieza". Ya saben, esos días en los que te despiertas con una energía misteriosa que te hace querer ordenar hasta el último rincón de la casa. Todo iba bien, con música de fondo y risas ocasionales, hasta que la situación tomó un giro inesperado.

Mientras John estaba en la sala, yo me encontraba revisando la pila de ropa que se había acumulado en nuestro armario. Entre camisas, pantalones y algún que otro calcetín sin pareja, encontré una camiseta vieja que John guardaba desde sus días de universidad.

Estaba desgastada, y pertenecía a un equipo de futbol que solo él conocía.

"Amor, ¿te parece si desecho esta camiseta? Está hecha trizas", le grité desde la habitación. Hubo un silencio, y luego su voz respondió desde la distancia: "Sí, haz lo que quieras". Para mí, esas palabras significaron luz verde. ¡Por fin podría deshacerme de esa camiseta que llevaba años ocupando espacio! Sin pensarlo dos veces, la lancé en la bolsa de donaciones junto con otras prendas que ya no usábamos. Todo parecía en orden, hasta que unas horas después, John entró al cuarto y comenzó a revolver el armario con cara de preocupación.

"¿Has visto mi camiseta del equipo de futbol? ", me preguntó, su tono pasando de casual a ansioso. Me quedé helada. "John, ¡te pregunté si podía desecharla y dijiste que hiciera lo que quisiera!", respondí, sintiendo cómo el ambiente se cargaba de repente. "¡Pero pensé que hablabas de moverla de lugar o guardarla en otro sitio!", exclamó, sus ojos abriéndose como platos. "Esa camiseta era especial. Y ahí estábamos, en medio de un malentendido que se había llevado por delante una pieza de "historia futbolística" según John.

Traté de explicarle que "haz lo que quieras" no es exactamente la respuesta más clara del mundo, mientras él argumentaba que cómo iba a imaginar que "hacer lo que quisiera" era sinónimo de "despedirse para siempre de su amada camiseta". Nos tomó un rato bajar la tensión. Nos reímos, finalmente, cuando nos dimos cuenta de que había sido un simple malentendido en medio de un día caótico.

Acordamos que la próxima vez, usaríamos respuestas más específicas y yo prometí que, antes de deshacerme de algo suyo, me aseguraría de tener un consentimiento claro y por escrito. Al final, terminamos la limpieza y nos sentamos a descansar, riéndonos de cómo algo tan pequeño puede desencadenar un drama de película.

Y bueno, aunque la camiseta ya no esté, al menos ahora tenemos una historia más que contar y una nueva regla en casa: el "haz lo que quieras" requiere siempre, siempre, una doble confirmación.

Pequeños Malentendidos que se Convierten en Grandes Tormentas:

En muchas relaciones, las discusiones más intensas no surgen por grandes traiciones ni por problemas de vida o muerte, sino por malentendidos en las cosas más simples del día a día. La clave del problema radica en que, detrás de cada pequeño malentendido, se esconden sentimientos, expectativas y percepciones no expresadas.

Imaginemos los ejemplos típicos: ella dice "haz lo que quieras" y él interpreta que eso realmente significa libertad para decidir, cuando en realidad ella espera que él haga lo que ella quiere. O tal vez él dice "estoy bien" y ella cree que realmente está bien, cuando, en el fondo, hay algo que lo incomoda.

Este tipo de situaciones parecen inofensivas, pero a menudo reflejan un problema más profundo de comunicación y expectativas no aclaradas. Y es precisamente esta falta de claridad la que termina provocando pequeñas "tormentas" que pueden escalar si no se abordan a tiempo.

Este tipo de malentendidos puede provocar dos grandes desafíos en la relación:

1. Acumulación de Frustraciones:

Cuando uno de los dos siente que no lo escuchan o que la otra persona no lo entiende, se empieza a acumular una pequeña dosis de resentimiento. Al principio, pueden ser solo un par de cosas sin importancia, pero con el tiempo, si esta falta de comunicación se mantiene, se va acumulando una especie de "lista de agravios" en la mente de cada uno. Esta acumulación genera tensiones que, eventualmente, explotan en discusiones mucho más grandes de lo que la situación en sí amerita.

2. Suposiciones y Falta de Claridad:

En muchos casos, los malentendidos se dan porque cada uno asume que la otra persona sabe lo que quiere, lo que siente o lo que piensa, sin necesidad de decirlo explícitamente. Pero no hay nada más lejos de la realidad: cada persona tiene una perspectiva única y, sin una comunicación clara y abierta, es imposible que ambos sepan siempre lo que el otro realmente desea o espera. Dejar estas suposiciones crecer es como dejar que una nube cargada de agua se siga formando; tarde o temprano, va a llover.

Finalmente, estos pequeños malentendidos, cuando no se abordan adecuadamente, pueden convertirse en patrones en la relación.

Los miembros de la pareja pueden comenzar a asociar ciertas palabras o gestos con significados ocultos, desarrollando así una comunicación "codificada" que solo aumenta la posibilidad de que se malinterpreten entre sí.

En **resumen**, aunque puedan parecer insignificantes, estos malentendidos reflejan una falta de alineación en la comunicación y en las expectativas de cada uno. Identificar estos patrones es clave para prevenir que estas "tormentas" se conviertan en huracanes emocionales, y, sobre todo, para construir una relación en la que ambos se sientan realmente comprendidos y valorados.

Claves para Resolver los Conflictos Diarios

Para que este capítulo sea útil en la vida real, podemos incluir algunas estrategias prácticas:

1. El "Momento de la Verdad":

Reserva unos minutos al final del día para hablar de esos pequeños detalles que te molestaron. Al hacer esto, evitas que se acumulen y estallen.

2. Empatía en Acción:

Antes de reaccionar, toma un momento para considerar cómo se siente tu pareja en esa situación. Ponerse en los zapatos del otro es una herramienta poderosa para entender mejor los conflictos.

3. Humor para Desactivar:

Aprende a reírte de los pequeños problemas. Decir algo como, "¡Vaya, parece que la toalla tiene una vida propia!", puede aliviar la tensión en el momento.

4. Acuerdos Básicos:

Establezcan pequeños acuerdos sobre cosas como la cocina, el baño o la cama. No significa que haya reglas rígidas, pero tener un entendimiento común evita sorpresas y conflictos.

Ejercicio, La Lista de Mini Tormenta

Este ejercicio está diseñado para ayudar a la pareja a identificar y resolver esas "pequeñas piedras en el zapato" antes de que se conviertan en grandes obstáculos. ¿Listos para enfrentarlos juntos, con sinceridad y buena disposición? Sigamos estos pasos para transformar los detalles irritantes en oportunidades de crecimiento y comprensión mutua.

Paso 1:

Tomen una hoja y cada uno escriba una lista de tres pequeñas cosas que el otro hace y que pueden llegar a molestarles.

Paso 2:

Intercambien las listas y léanlas en silencio. Este momento es solo para escuchar, sin defenderse ni justificarse.

Paso 3:

Después de leer, hablen sobre cada punto. Intenten ver el trasfondo emocional que hay detrás de cada uno de esos "mini problemas".

Paso 4:

Establezcan juntos soluciones o acuerdos para reducir el impacto de estos pequeños problemas en su convivencia diaria.

Este ejercicio es una invitación a fortalecer la conexión y a limpiar esos "pequeños roces" que, cuando se abordan con empatía y humor, pueden convertirse en oportunidades de unión. Recuerda que cada acuerdo al que lleguen no es solo un paso hacia una convivencia más armoniosa, sino también una muestra de amor y de respeto mutuo. A fin de cuentas, la verdadera fortaleza de una relación está en los detalles, y resolver juntos estos "mini problemas" es una manera de cuidarse y crecer como pareja, día a día.

La Importancia de Ser Claros y Escucharnos

Al cerrar este primer capítulo, es importante recordar que cada relación enfrenta sus propias "tormentas".

En muchos casos, estas no provienen de grandes catástrofes, sino de pequeños malentendidos y momentos en los que nos sentimos frustrados porque no logramos comunicar lo que necesitamos o sentimos. Pero hay una buena noticia: todos estos desafíos son oportunidades para fortalecer la relación, siempre y cuando los enfrentemos con claridad, paciencia y empatía.

Los malentendidos no desaparecerán de la noche a la mañana, y probablemente sigamos encontrando "batallas" en nuestra vida de pareja. Sin embargo, el verdadero éxito en el amor no está en evitarlas, sino en aprender a navegarlas juntos. Cuando optamos por ser honestos sobre lo que sentimos y escuchar genuinamente lo que nuestra pareja necesita, transformamos esos momentos de tensión en oportunidades para crecer y conectarnos más profundamente.

Imagina cómo sería si, la próxima vez que surja un malentendido, en lugar de asumir lo peor o reaccionar con frustración, eliges preguntar con calma, aclarar tus pensamientos y dar espacio a tu pareja para hacer lo mismo. Cada vez que tomamos estos pasos, estamos construyendo una relación basada en el respeto y el entendimiento.

La clave, Dediquen tiempo a la comunicación clara y abierta. No tengan miedo de expresar sus pensamientos, sus deseos o sus preocupaciones. La honestidad y el amor verdadero requieren valor, y es ese valor el que puede ayudarlos a enfrentar cada tormenta, sin importar su intensidad.

Finalmente, recuerden que una relación fuerte no es la que nunca enfrenta dificultades, sino la que, en medio de las pruebas, encuentra siempre el camino de regreso a la paz, el cariño y la comprensión. Que este primer paso sea el inicio de un viaje en el que ambos aprendan a no rendirse, a enfrentarse a los problemas juntos y a ser el refugio del otro cuando las tormentas de la vida aparezcan.

Cada malentendido puede ser una oportunidad para reír juntos, para perdonar y para recordar que, incluso en medio de la tormenta, siempre es posible encontrar un arcoíris si se buscan y sostienen de la mano.

Momento Divertido

Entonces, después de todo esto, ¿quién diría que el matrimonio sería tan fácil, ¿verdad? Solo necesitas un toque de paciencia infinita, una pizca de tolerancia a prueba de balas y, claro, la capacidad de hacer malabares emocionales sin caerte. Ah, y por supuesto, entender que tu pareja siempre va a dejar el tubo de pasta de dientes apretado desde la mitad (porque, al parecer, así es más eficiente).

¿Conflictos? Claro, ¿por qué no? Al parecer, Dios dijo: "¡Hagamos el matrimonio interesante!" Así que aquí estamos, navegando juntos entre tormentas emocionales, luchando por el control remoto, discutiendo sobre el lado correcto de la cama, y todo con la esperanza de que, al final, el amor gane. ¿Suena agotador? Sí, un poco. ¿Vale la pena? Absolutamente.

Así que, para cuando sientan que están al borde del "¿en qué estábamos pensando?", recuerden que las tormentas no son el fin, son solo una señal de que el barco sigue en marcha. Y si alguna vez se sienten perdidos, bueno, al menos estarán perdidos juntos. Porque el matrimonio no es sobre nunca tener problemas, sino sobre tener a alguien que te haga reír después de cada pelea tonta… y que te deje el último trozo de pizza de vez en cuando. ¡Eso sí es amor verdadero!

"Es en las pequeñas cosas donde reside la mayor importancia. Ignorarlas es como dejar una grieta crecer hasta convertirse en un abismo" **Antoine de Saint-Exupéry**

Capítulo 3:

COMUNICACIÓN EN TIEMPOS DE ESTRÉS.

"Que sus conversaciones sean siempre amenas y de buen gusto. Así sabrán cómo responder a cada uno." (Colosenses 4:6).

Vamos a ser honestos: la comunicación en pareja es complicada. Punto. Ahora, si le añadimos el estrés de la vida moderna, la situación pasa de complicada a "a punto de explotar". Imaginen el escenario: tú llegas del trabajo después de un día donde hasta la cafetera parecía en tu contra, y lo único que quieres es un rato de paz. Pero claro, tu pareja también tuvo su propio "día del apocalipsis" y, sin saber cómo, ambos terminan discutiendo... ¡por el color de las toallas del baño! Sí, porque en tiempos de estrés, hasta el tema más pequeño puede convertirse en una guerra de proporciones épicas.

Este capítulo no pretende convertirnos en expertos zen que nunca se alteran (aunque si fuera posible, no me quejaría).

En realidad, se trata de encontrar maneras de comunicarnos mejor cuando estamos en el ojo de la tormenta. Porque, si somos honestos, en esos momentos de estrés no pensamos en hacer una pausa, respirar profundo y usar palabras amorosas... ¡a veces ni siquiera sabemos de dónde salió el conflicto!

Así que aquí vamos a hablar de cómo identificar esos momentos de tensión, cómo aprender a escuchar antes de que el estrés nos haga decir cosas de las que después nos arrepentimos, y cómo utilizar técnicas simples que nos ayuden a no perder la calma... o al menos, a perderla un poco menos.

Porque, al final, el objetivo no es evitar el estrés, sino aprender a navegarlo juntos, sin naufragar en el intento.

Estrés y Salud:
Cuando la Comunicación Deficiente Impacta el Cuerpo

Cuando el estrés se instala en la comunicación de pareja y no se maneja de forma adecuada, no solo afecta la armonía de la relación; también tiene un impacto directo en la salud física de ambos. Las discusiones constantes, los malentendidos acumulados y la tensión emocional crean un ambiente en el que el cuerpo se ve sometido a un estrés continuo. Y aunque al principio puede parecer inofensivo, este tipo de estrés prolongado puede convertirse en una "bomba de tiempo" para nuestra salud.

En momentos de conflicto, el cuerpo reacciona como si estuviera en peligro, activando lo que se conoce como la "respuesta de lucha o huida". Durante esta respuesta, el cerebro libera hormonas como el cortisol y la adrenalina, lo que eleva la frecuencia cardíaca, la presión arterial y los niveles de glucosa en la sangre. Esto es útil en situaciones de emergencia, pero cuando esta respuesta se activa una y otra vez debido al estrés emocional, el impacto acumulado puede ser devastador para el cuerpo.

Las consecuencias de una comunicación cargada de estrés pueden manifestarse en síntomas físicos y enfermedades reales. Por ejemplo, el estrés crónico debilita el sistema inmunológico, haciendo que las personas sean más susceptibles a infecciones y enfermedades comunes. Además, eleva el riesgo de enfermedades cardíacas, ya que la presión constante afecta al corazón y a los vasos sanguíneos, aumentando las probabilidades de hipertensión y ataques cardíacos.

No solo el corazón sufre. La mala comunicación y el estrés también pueden afectar el sistema digestivo.

Las parejas que discuten constantemente o que mantienen el estrés emocional son más propensas a padecer problemas como gastritis, síndrome del intestino irritable y reflujo ácido. Esto se debe a que el sistema digestivo está directamente influenciado por el sistema nervioso; cuando el cerebro detecta estrés, el estómago y los intestinos también se ven afectados.

Incluso el sueño se ve perjudicado cuando el estrés emocional se apodera de la relación. Las noches de insomnio, la mente dando vueltas a las discusiones del día y el agotamiento emocional se acumulan, generando fatiga crónica, problemas de concentración y falta de energía. Esto no solo empeora el estado de ánimo, sino que crea un círculo vicioso: el cansancio incrementa la irritabilidad, y con ello, la probabilidad de más conflictos.

Es fácil pensar que el estrés en una relación es "normal", pero cuando se vuelve una constante y afecta la salud, es una señal de alerta. Aprender a manejar el estrés en la comunicación no solo ayuda a construir una relación más sana y armoniosa, sino que también protege la salud física y emocional de ambos miembros de la pareja. Porque, al final, el amor es más que un sentimiento: también es un compromiso de cuidar el bienestar del otro y de uno mismo.

Respira y Recupera la Calma

La respiración profunda envía una señal al cerebro de que estamos a salvo, ayudando a reducir la liberación de hormonas del estrés como el cortisol. Este proceso activa el sistema nervioso parasimpático, el cual nos relaja y nos permite pensar con claridad. Incluir ejercicios de respiración en esos momentos tensos no solo ayuda a calmar los nervios, sino que también mejora la comunicación, permitiéndonos escuchar y responder de manera más equilibrada.

Aquí tienes dos ejercicios de respiración simples, para practicar durante una discusión o cuando sientas que el estrés está aumentando:

Respiración de Pausa Rápida (3-5)

- Inhala profundamente por la nariz contando hasta 3.

- Exhala contando hasta 5.

Este ejercicio es ideal cuando necesitas calmarte rápidamente y no tienes mucho tiempo. Repite 5 veces para un efecto inmediato de relajación.

Respiración en Caja (4-4-4-4)

- Inhala por la nariz contando hasta 4.

- Sostén la respiración por 4 segundos.

- Exhala por la boca contando hasta 4.

- Mantén la respiración nuevamente por 4 segundos.

- Repite 4 veces.

Este ejercicio es excelente para recuperar el equilibrio y la calma.

Cómo el Estrés Afecta Nuestras Palabras y Reacciones

La comunicación bajo estrés es como intentar construir una torre de naipes en medio de un temblor: complicado y lleno de riesgos. ¿Por qué? Porque cuando el estrés entra en escena, nuestras palabras y reacciones suelen volverse impredecibles. Uno de los problemas más comunes es que el estrés activa un modo de "supervivencia" en nuestro cerebro que nos hace más reactivos y menos comprensivos.

Aquí es donde empieza el verdadero problema. Cuando estamos estresados, cualquier cosa que dice nuestra pareja puede sonar como una crítica, una acusación o, peor aún, un recordatorio de que no estamos cumpliendo con sus expectativas. Y entonces, en lugar de escuchar, comenzamos a preparar nuestra "defensa".

Así es como un comentario inocente como "¿Dejaste la luz encendida?" se transforma en una declaración de guerra.

Además, el estrés también nos hace menos pacientes. En lugar de tomarnos el tiempo para entender lo que realmente quiso decir la otra persona, respondemos sin pensar. Y de repente, ese pequeño comentario sobre la luz se convierte en una discusión sobre quién "siempre" olvida todo y quién "nunca" tiene consideración. (Spoiler: ¡ninguna de esas palabras suele ayudar!)

Por otro lado, el estrés también nos hace olvidar uno de los elementos más importantes de la comunicación: la escucha activa. En lugar de escuchar para entender, escuchamos para responder. Ya estamos armando en nuestra cabeza la respuesta perfecta (o el contraataque perfecto) sin siquiera escuchar completamente lo que la otra persona está diciendo.

¿El resultado? Ambos terminan sintiéndose no escuchados, incomprendidos y frustrados.

En resumen, el estrés convierte nuestra comunicación en una especie de partida de ping-pong emocional, donde las palabras van y vienen sin dirección ni propósito. Y la relación, en lugar de fortalecerse, se resiente.

"Mantén el Amor en el Caos: Guía para Comunicarse en Pareja Durante el Estrés"

Aquí vamos con las herramientas prácticas para navegar esta tormenta sin hundirnos. No se trata de magia, pero sí de técnicas que pueden hacer una diferencia real cuando estamos a punto de decir algo de lo que luego nos arrepentiríamos.

1. La Técnica del "Chequeo de Realidad"
Antes de responder en modo "¡cómo te atreves a decir eso!", intenta hacer un pequeño chequeo de realidad.

Pregúntate: ¿Estoy interpretando esto de la peor forma posible porque estoy estresado? A veces, solo esta pequeña pausa puede ayudarte a ver que tu pareja no te está atacando; solo está diciendo algo que tú, en otro contexto, interpretarías de otra manera. Puedes incluso decir en voz alta, con una sonrisa, "A ver, a ver, ¿eso significa que no te gusta cómo lo hago... o estoy en modo paranoico de estrés?".

2. "Yo Siento" vs. "Tú Siempre"

A todos nos pasa: cuando el estrés está presente, es fácil caer en la trampa de las frases absolutas, como "Tú siempre..." o "Tú nunca...".

Pero estas frases son como echar gasolina al fuego. En su lugar, intenta empezar tus frases con "Yo siento...". Por ejemplo, en vez de decir "Tú nunca me escuchas", prueba con "Yo siento que, a veces, no me siento escuchado/a". Este pequeño cambio evita que la otra persona se ponga a la defensiva y ayuda a que la conversación se mantenga en un tono más calmado.

3. Acordar un "Código de Emergencia"
¿Alguna vez has estado en una discusión donde ninguno quiere dar el brazo a torcer, pero ambos saben que están al borde de explotar? Ahí es cuando entra en juego el "código de emergencia". Pueden acordar una palabra graciosa o absurda (como "banana" o "nube rosa") que cualquiera de los dos pueda usar cuando sienta que el estrés está llevando la conversación al límite. La idea es que, cuando alguien diga esa palabra, ambos hagan una pausa para respirar y recordar que están en el mismo equipo. Parece simple, pero puede hacer maravillas.

4. Evitar Conversaciones Profundas en el Momento de Mayor Estrés A veces, elegimos los peores momentos para hablar de temas serios. Intentar resolver un conflicto importante cuando estamos estresados es como querer cocinar un soufflé en medio de un terremoto: no va a salir bien. Si ambos están bajo presión, propongan hablar en otro momento, cuando estén más tranquilos. Puedes decir algo como: "Este tema es importante para mí, ¿te parece si lo hablamos cuando estemos más relajados?"

5. Recordar el Propósito Mayor

Finalmente, cuando el estrés y la tensión aumenten, intenta recordar el propósito mayor de la relación. Están juntos porque se aman, porque quieren apoyarse y crecer juntos. A veces, detenerse y recordar por qué están juntos ayuda a poner en perspectiva los pequeños conflictos y a verlos como lo que realmente son: momentos pasajeros en una historia de amor más grande.

Recordando el Propósito y el Amor

En medio del estrés, cuando la paciencia se nos escapa y las palabras empiezan a afilarse, es fácil olvidarnos de algo muy simple pero profundo: **¿por qué elegimos a nuestra pareja en primer lugar?** Este es un momento para recordar que nuestro amor no solo es un sentimiento, sino un propósito, un compromiso que, de alguna manera, también es sagrado.

Desde una perspectiva espiritual, estar en pareja es una de las formas en que practicamos el amor de Dios en nuestra vida diaria. Porque, seamos honestos, a veces ser pacientes y amables con alguien que conocemos tan bien (y que sabe exactamente cómo presionar nuestros botones) requiere una paciencia digna de un santo. Es en esos momentos de estrés, cuando nuestras reacciones naturales podrían ser menos amables, que tenemos la oportunidad de demostrar un amor que va más allá de lo fácil y lo cómodo. Un amor que es intencional, que se elige cada día.

Piensa en tu relación como una plantita. Todos los días necesita luz, agua y cuidado para crecer. En los momentos de estrés, es como si hubiera una tormenta: podríamos dejar que esa tormenta la dañe o podríamos protegerla, regarla con palabras amables y cuidarla hasta que pase el mal tiempo. Recordemos que cada acto de amor y paciencia es como un pequeño rayo de sol para esa plantita, y que, aunque las tormentas lleguen, siempre podemos elegir regarla y protegerla.

Ejercicio en Pareja, La Caja de las Palabras Mágicas

Objetivo:

Practicar la gratitud y la amabilidad en momentos de tensión, recordando el valor de lo que se dicen entre sí y los pequeños detalles que a veces se pasan por alto en los días estresantes.

Materiales:

Una caja (puede ser una simple cajita de cartón o una de esas que venden para recuerdos), unos cuantos papeles y un bolígrafo.

Instrucciones:

1. Elijan un momento tranquilo en el que ambos estén relajados y dispuestos a reírse un poco juntos. Si pueden, pongan una música suave, preparen una taza de té o café, y hagan de este ejercicio un momento especial.

2. Escriban juntos palabras o frases que les hagan recordar lo que realmente significa el uno para el otro. Estas pueden ser frases que los hagan reír ("Gracias por no tirarme de la cama en las noches de insomnio") o palabras que expresen gratitud ("Gracias por siempre darme un abrazo cuando tengo un mal día").

3. Almacenen estas frases en la caja. La idea es crear una "reserva de palabras mágicas" que puedan usar en los momentos de estrés. Porque todos tenemos días en los que olvidamos lo bueno que tenemos en nuestra relación, y esta cajita será un recordatorio de que, aunque haya tormenta, el amor sigue ahí.

4. En momentos de estrés, hagan una pausa y saquen una frase de la caja. Antes de decir algo que luego puedan lamentar, pueden abrir la caja, sacar una frase y leerla en voz alta. Pueden hacer una regla de usar la cajita cada vez que sientan que una discusión está a punto de escalar. Esto no solo ayuda a romper la tensión, sino que también los recuerda que, en el fondo, ambos quieren lo mejor para el otro.

5. Renueven las frases cada cierto tiempo. Las relaciones cambian y crecen, así que cada mes o cada dos meses, pueden dedicar un ratito para actualizar las frases, agregar algunas nuevas y recordar todo lo que han vivido juntos.

Este ejercicio puede parecer simple, pero es una forma de recordarse mutuamente que, aunque el estrés quiera ganarnos, siempre podemos elegir el camino del amor y la gratitud.

Escuchar con el Corazón: La Clave para Superar el Estrés en Pareja

En los momentos de estrés, nuestra comunicación se pone a prueba, y todos hemos pasado por esas situaciones donde una palabra mal dicha (o interpretada) puede desatar una tormenta. Pero ahora sabemos que el estrés es solo un reto más en el camino, una oportunidad para que nuestra relación se fortalezca.

La comunicación en tiempos de estrés no es fácil, y está bien reconocerlo. Todos tenemos días en los que las palabras se nos escapan, los tonos suben y terminamos enredados en una conversación que nunca debería haber sido una discusión. Pero cada vez que enfrentamos esos momentos con intención y paciencia, le estamos dando a nuestra relación un mensaje claro: "esto importa".

Recordemos que la comunicación es uno de los actos de amor más profundos que podemos practicar. Porque hablar y escuchar con el corazón es una forma de mostrar respeto, de decirle a nuestra pareja que su voz y sus sentimientos importan, especialmente en los momentos difíciles. Y cada pequeño paso que damos para mejorar esa comunicación es como agregar un ladrillo sólido en la construcción de nuestro amor.

Al final del día, la vida en pareja no es perfecta ni libre de conflictos, pero es una aventura maravillosa cuando aprendemos a navegar juntos cada tormenta. A veces, eso significa escuchar más y hablar menos. Otras veces, significa guardar silencio y simplemente abrazarse hasta que las palabras vuelvan a tener sentido. Y siempre, siempre significa recordar que estamos juntos en esto.

Así que, cuando el estrés vuelva a aparecer y las palabras empiecen a fallarnos, respiremos profundo, miremos a nuestra pareja y recordemos: somos un equipo. Que este capítulo sea una invitación a practicar la comunicación con amor, a escuchar con paciencia y a recordar que, a pesar de todo, vale la pena seguir construyendo juntos.

Hablar en Tiempos de Escasez: La Fuerza de la Comunicación

Te contaremos una pequeña anécdota, en el año 2017, nuestra familia vivía en estado de Texas, y estábamos enfrentando uno de los momentos más difíciles de nuestra vida juntos. Las dificultades económicas nos golpearon fuerte. Había semanas en las que no sabíamos si podríamos cubrir la renta o si tendríamos suficiente para comprar comida. Cada decisión, cada centavo, era una lucha, y hasta los placeres más pequeños, como salir a comer con nuestros hijos, eran un lujo que estaba fuera de nuestro alcance.

La falta de dinero no solo nos afectaba económicamente; su peso se sentía en cada rincón de nuestro hogar, y en cada conversación, por pequeña que fuera. Era una presión constante que amenazaba con desgastar nuestro ánimo y ponía a prueba nuestra paciencia. El estrés era tan palpable que casi podíamos tocarlo. Sin embargo, en medio de esa tormenta, había algo que no nos permitimos perder: nuestra comunicación.

Había noches en las que el cansancio y la frustración parecían insoportables. En esos momentos, en lugar de dejarnos llevar por el silencio o el resentimiento, nos sentábamos y hablábamos. Abríamos nuestros corazones y compartíamos nuestras preocupaciones, nuestros miedos y nuestros anhelos, sin juzgarnos. A veces, ni siquiera teníamos respuestas o soluciones inmediatas, pero el hecho de escucharnos y de darnos apoyo a través de las palabras era una forma de decir: "Estoy aquí contigo, pase lo que pase".

Esas conversaciones se volvieron una especie de ritual, un momento de paz en medio del caos. A través de cada palabra compartida, fuimos encontrando la fuerza para seguir adelante, y nos recordábamos que no estábamos solos en esta batalla. Poco a poco, con paciencia y determinación, fuimos superando cada obstáculo, y con cada pequeña victoria, nuestro amor se fortalecía aún más.

Al mirar atrás, entendemos que la comunicación fue nuestra ancla. A pesar del estrés y de las circunstancias difíciles, hablar y escucharnos nos permitió salir de esa etapa más unidos y amándonos inmensamente. Hoy podemos decir que esos momentos difíciles nos enseñaron el verdadero valor de la comunicación, y nos mostraron que, cuando se enfrenta la vida en equipo, hasta las tormentas más intensas pueden transformarse en lecciones de amor y fortaleza.

"El amor se demuestra cuando te comunicas de manera que tu pareja se sienta comprendida, incluso en los días difíciles" Desconocido

Capítulo 4

CONOCIENDO EL LENGUAJE DEL AMOR, DE TÚ PAREJA.

El amor es paciente, es bondadoso. El amor no es envidioso ni jactancioso ni orgulloso. No se comporta con rudeza, no es egoísta, no se enoja fácilmente, no guarda rencor." (1 Corintios 13:4-5

En una relación de pareja, puede ser fácil dar por sentado que nuestro amor se entiende sin necesidad de palabras o gestos. Sin embargo, cada persona tiene una manera distinta de sentir y expresar el amor, y ahí es donde entra la famosa teoría de los Cinco Lenguajes del Amor de Gary Chapman. Saber cuál es el "idioma" principal de tu pareja no solo hace que la relación sea más armoniosa, sino que evita muchos malentendidos y frustraciones.

Aquí te damos un resumen breve y específico de cada uno de estos lenguajes. Lee cada uno y pregúntate cuál es el tuyo y cuál podría ser el de tu pareja. ¡Puede que descubras algo importante!

1. Palabras de Afirmación:

Este lenguaje se trata de expresar amor y aprecio a través de palabras.

Son personas que necesitan escuchar frases como "te amo", "te admiro" o "gracias por lo que haces". Para ellas, las palabras son poderosas y pueden levantarles el ánimo o, si son duras, lastimarlas profundamente. Si tu pareja se ilumina con elogios, cumplidos y palabras amables, es probable que este sea su lenguaje.

Recuerda: las palabras no cuestan nada, pero para ellas tienen un valor incalculable.

Ejemplo práctico: Un simple "Gracias por cocinar hoy, estaba delicioso" puede ser mucho más que un cumplido: es una muestra de amor.

2. Tiempo de Calidad

Para las personas con este lenguaje, el tiempo juntos es el mayor regalo. No importa qué estén haciendo, mientras estén compartiendo y prestándose atención, se sienten amados. Ojo: aquí no se trata de ver una película en el mismo sofá mientras cada uno revisa el celular. Ellos quieren conexión real y que les dediquen tu tiempo y atención completa. Si notas que tu pareja se molesta cuando estás distraído/a o "ausente", es probable que el tiempo de calidad sea su lenguaje principal.

Ejemplo práctico:

Una cita sin distracciones, donde puedan conversar y disfrutar de su compañía, puede hacer una gran diferencia.

3. Actos de Servicio

Este lenguaje de amor está basado en las acciones. Para estas personas, el amor se demuestra a través de lo que haces por ellas: desde ayudar con las tareas de la casa hasta encargarte de algo que sabes que les resulta difícil. Los actos de servicio son pequeños gestos que demuestran que estás pensando en su bienestar. Si tu pareja es de los que aprecia más que le ayudes con las responsabilidades que cualquier regalo, entonces este es su lenguaje del amor.

Ejemplo práctico: Lavar el auto, preparar el desayuno o ayudar con los quehaceres es una manera de decir "te amo" sin usar palabras.

4. Recibir Regalos

Para algunas personas, los regalos son una representación tangible del amor. Pero no se trata de cosas materiales o de gastar mucho dinero; lo importante es la intención detrás del obsequio. Un regalo, por simple que sea, les muestra que pensaste en ellas y quisiste sorprenderlas. Si a tu pareja le encanta recibir pequeños detalles, desde una nota escrita hasta su chocolate favorito, es probable que este sea su lenguaje del amor.

Ejemplo práctico:

Regalarle algo pequeño pero significativo, como una flor o su dulce favorito, puede hacer que se sienta especial y amado/a.

5. Contacto Físico

Para las personas cuyo lenguaje del amor es el contacto físico, las caricias, los abrazos y el simple hecho de estar cerca son vitales para sentirse amados. Este lenguaje no se limita a la intimidad sexual; también incluye tomarse de la mano, abrazarse o simplemente estar cerca. El contacto físico les da una sensación de seguridad y conexión. Si tu pareja disfruta de los abrazos espontáneos o de estar físicamente cerca de ti, probablemente este sea su lenguaje.

Ejemplo práctico:

Un abrazo largo al llegar a casa o tomarle de la mano mientras caminan puede ser una expresión de amor profunda y reconfortante.

Los Regalos Incomprendidos

Te contaremos una anécdota, Habían pasado años desde que comenzamos a compartir la vida juntos, y aunque la relación estaba bien, yo sentía que había algo que… no terminaba de encajar. Me explico: cada aniversario, cumpleaños, y hasta "martes de sorpresas" (porque sí, hasta inventaba días para darle algo especial), yo me esmeraba en buscar el regalo perfecto para John.

El problema era que, a pesar de mis esfuerzos, él siempre tenía una reacción... *curiosa*. Yo le regalaba cosas fantásticas, o eso pensaba: desde relojes hasta camisetas de su equipo favorito, y hasta gadgets que ni él mismo sabía que existían. Pero su respuesta siempre era un "gracias" sencillo, seguido de un rápido beso en la mejilla. Y yo me quedaba esperando el "momento emotivo", la reacción épica... pero nada.

Me costó mucho aceptar que algo no cuadraba. Empecé a pensar que tal vez John era "de esos" que no saben apreciar un buen regalo, o peor, que no le emocionaba como a mí. Yo, por supuesto, trataba de no tomármelo personal. Pero en el fondo, cada vez que él no reaccionaba con un "¡Wow, eres la mejor esposa del mundo!", yo me sentía como una vendedora que no lograba cerrar el trato.

Todo cambió cuando unos amigos nos recomendaron un libro sobre los lenguajes del amor. Al principio, pensé que iba a ser algo bonito de leer, una "actividad de pareja" y ya. Pero cuando empecé a leerlo, me llevé una sorpresa que cambió mi perspectiva: ¡el lenguaje del amor de John no tenía nada que ver con regalos!

Para él, el verdadero "idioma" era el contacto físico. ¡Imagínate mi cara! Ahí estaba yo, regalándole objetos cuando, en realidad, lo que más le habría gustado era un buen abrazo o una mano que se entrelazara con la suya mientras veíamos una película. Mi mente comenzó a repasar todos esos momentos en los que le daba un regalo y me daba cuenta de que, justo después de decir "gracias", él trataba de acercarse para abrazarme o tocarme la mano… ¡y yo no lo había notado! Estaba tan ocupada esperando su reacción que no me daba cuenta de que su forma de expresar emoción era acercarse físicamente.

Pero eso no fue todo. Resulta que su segundo lenguaje era palabras de afirmación, algo que tampoco se me había ocurrido. Yo estaba tan concentrada en la acción de "darle algo", que pocas veces le decía lo mucho que lo admiraba o lo agradecida que me sentía por él. Y ahí estaba la clave: él necesitaba palabras y cercanía, no relojes ni gadgets ni camisas con su nombre bordado (sí, eso también lo intenté).

Así que, la siguiente vez que quise expresarle amor, decidí hacer algo diferente. Dejé los regalos a un lado y, en cambio, le di un abrazo largo, de esos que parecen que no se van a acabar nunca. Le susurré al oído lo mucho que lo amaba y lo agradecida que estaba por todo lo que hacía por nosotros. Su sonrisa en ese momento fue la mejor "reacción épica" que había esperado. No necesitaba abrir ninguna caja ni desenvolver nada, solo se sintió amado.

Y ahí fue cuando entendí que el amor no siempre se expresa como uno cree.

A veces, los regalos más grandes son los que no vienen envueltos, sino los que damos con palabras y con gestos sencillos. Desde ese día, guardé la billetera (al menos, cuando se trataba de demostrarle amor) y comencé a practicar un lenguaje que, al fin y al cabo, era mucho más fácil de aprender: un abrazo y un "te amo" resultaron ser el mejor regalo que podía darle.

Esta historia refleja ese descubrimiento y cómo pase de pensar en regalos materiales a darle a John lo que realmente necesitaba para sentirse amado.

Ejercicio, Mi Amor en 5 Idiomas

Objetivo: Que cada miembro de la pareja descubra su propio lenguaje del amor y el de su compañero de una manera práctica, divertida y significativa.

Materiales: Papel, bolígrafos, y un lugar cómodo donde ambos puedan sentarse juntos y relajarse. Instrucciones:

Preparación Encuentren un momento del día en el que ambos estén tranquilos y sin distracciones. Pueden poner una música suave, servirse una bebida que les guste o incluso preparar unos bocadillos para hacerlo más especial.

1. Reflexión Individual: Cada uno tome una hoja de papel y un bolígrafo. Sin hablar ni compartir, cada uno va a escribir una respuesta breve y sincera a la siguiente pregunta:

"¿Cuándo me siento más amado/a?".

Pueden escribir cosas como:

- "Cuando me abrazas después de un día difícil."
- "Cuando me dices que estás orgulloso/a de mí."
- "Cuando pasamos tiempo juntos sin distracciones."
- "Cuando haces algo por mí, sin que yo lo pida."
- "Cuando me das un pequeño detalle que me hace sonreír."

2. Comparte tus Respuestas: Una vez que hayan terminado de escribir, intercambien las hojas y lean las respuestas en silencio.

Tómense un momento para reflexionar y, luego, hablen sobre lo que cada uno escribió. Comenten cualquier sorpresa o descubrimiento que hayan hecho al leer las respuestas del otro.

Este es el momento para decir algo como: "¡Oh, no sabía que te gustaba tanto que te diga eso!" o "¡Wow, nunca había pensado en que los pequeños detalles significaban tanto para ti!"

3. Asociación de Lenguajes: Ahora, revisen juntos los cinco lenguajes del amor:

- Palabras de Afirmación
- Tiempo de Calidad.
- Actos de Servicio.
- Recibir Regalos.
- Contacto Físico.

Traten de asociar cada respuesta con uno de estos lenguajes. Por ejemplo, si una respuesta fue "Cuando pasamos tiempo juntos sin distracciones", lo más probable

es que ese lenguaje sea "Tiempo de Calidad".
Si es "Cuando haces algo por mí, sin que lo
pida", puede ser "Actos de Servicio".

4. Descubran su Lenguaje Principal: Ahora
viene la parte divertida. Cada uno deberá
hacer una "adivinanza" sobre cuál creen
que es el lenguaje del amor de su pareja.
Pueden decir algo como: "Apuesto a que
tu lenguaje número uno es Tiempo de Calidad"
o "Creo que Contacto Físico es lo más importante
para ti".

Comparen sus "adivinanzas" y vean si
acertaron. Este puede ser un momento
divertido, porque a veces uno cree
conocer el lenguaje de amor de la pareja,
¡y resulta que se sorprenden al descubrir
otra cosa!

5. Prueba de Lenguajes: Después de adivinar
el lenguaje del amor principal del otro, cada uno
debe proponer una "prueba de amor" basada
en ese lenguaje. Por ejemplo:

- Si el lenguaje de tu pareja es **Palabras de Afirmación**, prométete a darle un cumplido sincero y significativo cada día durante una semana.

- Si es **Tiempo de Calidad**, planea una cita especial sin celulares ni distracciones.

- Si es **Actos de Servicio**, haz algo que sepas que tu pareja aprecia, como preparar su plato favorito o encargarte de una tarea en la casa.

- Si es **Recibir Regalos**, sorpréndelo/a con un detalle simbólico, algo pequeño pero pensado solo para él o ella.

- Si es **Contacto Físico**, proponte darle más abrazos, besos y caricias sin razón aparente.

Reflexión Final Al final de la semana, vuelvan a reunirse y hablen sobre cómo se sintieron con estos gestos y pruebas.

¿Se sintieron más amados? ¿Notaron alguna diferencia? Pueden compartir una pequeña lista de lo que disfrutaron y de cómo cada uno se sintió al recibir esos gestos de amor en su "idioma" preferido.

Este ejercicio les permitirá experimentar en carne propia lo que realmente significa el lenguaje del amor de su pareja. Más allá de la teoría, podrán sentir en la práctica cómo esos gestos específicos generan una conexión especial. Recuerden que el amor, al igual que este ejercicio, es algo para explorar, descubrir y disfrutar juntos.

Estos cinco lenguajes del amor nos enseñan que, muchas veces, no es que no nos queramos, sino que estamos "hablando" en idiomas diferentes. Conocer el lenguaje del amor de nuestra pareja es una forma de mejorar nuestra comunicación y asegurarnos de que el amor se sienta y se exprese de la manera que cada uno necesita. ¡No se trata de hacer grandes cambios, sino de ajustar nuestras expresiones de amor para que el mensaje llegue con claridad y cariño!

"El amor se expresa de muchas maneras; el secreto está en aprender a hablar el lenguaje que entiende tu pareja." Gary Chapman (autor de Los 5 Lenguajes del Amor)

Capítulo 5:

DIFERENCIAS EN METAS Y VALORES

La Falta de Apoyo Familiar como Causa de Ruptura

"Con sabiduría se construye la casa; con inteligencia se echan los cimientos; con buen juicio se llenan sus cuartos de bellos y extraordinarios tesoros." Proverbios 24:3-4

En el 2023, la falta de apoyo familiar se destacó como la principal causa de divorcio en Estados Unidos, con un 43% de las parejas encuestadas mencionando esta razón. Esto representa a más de 296,000 parejas que sintieron que sus caminos se separaban debido a un vacío en el apoyo mutuo. En muchas relaciones, esta falta de apoyo surge cuando existen diferencias en las metas y valores de cada uno, generando un desencuentro profundo y constante en la convivencia.

La falta de apoyo familiar no es solo una cuestión de palabras bonitas o buenos deseos, sino un desafío que se vuelve palpable cuando uno de los miembros de la pareja siente que sus sueños, necesidades o esfuerzos no son valorados. Imaginemos, por ejemplo, que uno de los dos tiene como meta lograr una estabilidad económica, mientras que el otro anhela experiencias y aventuras. Sin un balance y un apoyo claro, estas metas distintas pueden percibirse como falta de interés o de respaldo. Así, las diferencias en metas y valores se convierten en una barrera emocional, creando un abismo donde antes había un puente.

Cuando uno o ambos miembros de la pareja sienten que están "luchando solos" para alcanzar sus sueños, se instala el resentimiento. La sensación de que el otro no comparte ni apoya los mismos valores o aspiraciones puede hacer que incluso el más sólido de los vínculos comience a desgastarse. No se trata solo de "querer cosas diferentes", sino de la percepción de que esas diferencias están minando la conexión y el respeto mutuo.

Para evitar que estas diferencias en metas y valores generen una ruptura, es esencial que ambos se pregunten: "¿Cómo puedo apoyar el sueño de mi pareja sin perder de vista el mío?" Encontrar una forma de alinear ambos mundos, de celebrar los logros individuales y, sobre todo, de estar presentes, marca la diferencia entre una relación que se fortalece y una que se fractura.

Porque al final, el amor verdadero no exige que ambos compartan siempre la misma visión de futuro. Exige que ambos estén dispuestos a apoyar y respetar los sueños del otro, entendiendo que, en esa diversidad, también hay una riqueza que puede fortalecer la relación.

Este capítulo es para todas esas parejas que, como nosotros, han descubierto que el amor no siempre implica estar en la misma página, sino aprender a pasar juntos de una página a otra. Aquí vamos a explorar esas diferencias de una manera divertida y realista, con estrategias para entendernos mejor y construir un camino compartido sin sentir que estamos cediendo en todo.

Creciendo en Direcciones Opuestas: Cómo Manejar Diferencias en Metas y Valores

Las diferencias en metas y valores pueden empezar de manera inocente. Quizás uno quiere vivir de manera "minimalista", con solo lo necesario, mientras que el otro disfruta comprando cada nueva cosa que ve en una tienda. O tal vez uno valora la estabilidad y el otro necesita adrenalina. Estas diferencias, que al principio parecían adorables ("¡Mira, somos tan distintos y eso es emocionante!"), pueden convertirse en una fuente de conflicto si no se manejan con cuidado.

El problema real no es que nuestras metas y valores sean diferentes, sino lo que eso implica para la vida en pareja. Porque cuando amamos a alguien, queremos apoyarlo y verlo feliz, pero ¿qué pasa cuando el sueño de nuestra pareja parece alejarnos del nuestro?

Aquí van algunos de los efectos más comunes de no entender o manejar bien esas diferencias:

- **Sensación de Desconexión:**

  Si cada uno se enfoca únicamente en sus propios objetivos, la pareja empieza a sentirse como dos personas que viven en mundos distintos. Uno empieza a preguntarse: "¿Realmente estamos yendo hacia el mismo lugar?".

- **Conflictos Repetitivos:**

  Estas diferencias suelen convertirse en temas recurrentes en las discusiones. No es raro escuchar a alguien decir: "¡Siempre estamos peleando por lo mismo!" o "Tú nunca me apoyas en mis sueños". Y ahí es donde empiezan los reproches y los malentendidos.

- **Resentimiento y Frustración:**

  Cuando uno siente que está cediendo constantemente en sus propios deseos para "encajar" en el plan del otro, es fácil que el resentimiento se instale en la relación. Uno empieza a ver a su pareja como un obstáculo en lugar de un compañero de vida.

Pero, afortunadamente, existe una forma de convertir estas diferencias en una oportunidad para acercarse más. Porque, después de todo, uno de los grandes aprendizajes de estar en pareja es saber equilibrar nuestras metas personales con las de la relación, sin que nadie sienta que ha renunciado a sí mismo.

Creciendo Juntos: Actividades para Alinear los Sueños y Valores en Pareja

1. La "Declaración de Intenciones"

Este ejercicio es sencillo, pero muy revelador. Cada uno va a escribir una lista con sus metas personales más importantes (pueden ser cinco o diez, según prefieran) y una breve explicación de por qué son importantes. Luego, cada uno lee su lista en voz alta. Aquí, el objetivo no es "negociar" ni hacer cambios, sino simplemente entender mejor qué motiva a nuestra pareja y qué sueños tiene. A veces, solo el hecho de escuchar a la otra persona sin interrupciones y con el corazón abierto puede ayudarnos a ver las cosas desde otra perspectiva y sentir empatía.

2. Encuentren Puntos en Común y Compromisos Creativos

Después de compartir sus metas, busquen al menos uno o dos puntos en común. Puede que no coincidan en todo, pero seguro hay algunos aspectos en los que sus sueños se cruzan. Por ejemplo, si uno quiere estabilidad financiera y el otro quiere vivir una vida llena de aventuras, pueden buscar una solución creativa: ahorrar para unas vacaciones de aventura o comprometerse a viajar una vez al año, pero manteniendo un fondo de seguridad.

3. Hagan un "Plan de Turnos"

El "Plan de Turnos" es una forma de dar espacio a los sueños de ambos sin sentir que están en competencia. Elijan un período de tiempo (por ejemplo, un año) y determinen que, durante ese tiempo, uno de los dos va a priorizar su meta. Puede que uno quiera estudiar, hacer un viaje, o dedicarse a emprender un negocio; mientras tanto, la otra persona le apoya. Luego, en el siguiente "turno", cambian los roles y es el otro quien tiene su espacio para cumplir un sueño personal. Esto les permite a ambos sentirse valorados y respetados, y pueden apoyarse en sus metas individuales sin que nadie quede relegado.

4. El "Tablero de Sueños en Pareja"

Este es un ejercicio divertido y visual. Consigan una cartulina o un tablero de corcho y divídanlo en tres partes: una para los sueños de cada uno y otra para los sueños que comparten. Luego, busquen imágenes, frases o dibujos que representen esas metas y pónganlos en su tablero. Esto les ayuda a visualizar no solo sus metas individuales, sino también los sueños que quieren construir juntos. Además, ver los sueños de ambos en el mismo espacio ayuda a recordar que están en un camino compartido.

5. Practiquen la Flexibilidad y el Apoyo

Finalmente, recuerden que una relación es un espacio para crecer juntos. Habrá momentos en los que uno tenga que ceder un poco para que el otro avance, y viceversa. Pero si ambos practican la flexibilidad y el apoyo, sabrán que están creando un futuro juntos sin sacrificar sus propias identidades. No se trata de "ganar" o "perder", sino de caminar al lado de alguien que respeta tus sueños y te apoya a construirlos.

Cuando los Sueños se Encuentran

Cuando John y yo nos conocimos, no tardamos en descubrir una de las claves que definiría nuestra relación: compartíamos metas y valores. Desde el inicio, ambos sabíamos que queríamos crecer juntos, construir un hogar donde el apoyo mutuo fuera nuestra bandera, y trabajar en equipo para cumplir nuestros sueños. Y vaya que eso nos ayudó a avanzar.

Los primeros años fueron como una carrera en equipo, donde cada uno llevaba su parte, pero avanzábamos en la misma dirección. Recuerdo cómo nos emocionaba hacer planes, soñar con nuestros proyectos y apoyarnos en cada paso. La confianza y el ánimo mutuo se convirtieron en nuestro combustible, y eso nos permitió crecer a un ritmo que sorprendió a muchos. No se trataba de quién alcanzaba su meta primero, sino de cómo podíamos llegar juntos y, mejor aún, disfrutar el viaje.

Cuando llegaron los niños, esa dinámica de apoyo se convirtió en la base de nuestra familia. Queríamos que ellos vieran en nosotros un ejemplo de cómo los sueños pueden hacerse realidad cuando hay unión y trabajo en equipo. Y así, entre uno y otro proyecto, hemos enseñado a nuestros hijos el valor de estar ahí para el otro, de no competir sino complementar, y de celebrar cada logro como un triunfo de toda la familia.

Hoy, cuando miro hacia atrás, me doy cuenta de que compartir metas fue uno de los grandes regalos de nuestra relación. Nos permitió construir una vida donde el éxito no era solo personal, sino de los dos, y donde cada logro de uno se sentía como una victoria de ambos. En este capítulo, queremos inspirarte a visualizar tus sueños junto a tu pareja, porque cuando ambos reman hacia el mismo destino, el crecimiento es inevitable.

Hacer de las Diferencias una Fuerza en la Relación

Este capítulo ha sido una invitación a ver las diferencias en metas y valores como una oportunidad de crecimiento, no como una barrera. Es cierto, cada uno llega a la relación con su propio "mapa" de vida, y a veces esos mapas no coinciden en todo. Pero cuando aceptamos esas diferencias y las manejamos con amor, comunicación y respeto, nos damos cuenta de que podemos caminar juntos sin que ninguno tenga que abandonar su esencia.

El amor verdadero no exige que ambos compartan siempre la misma visión de futuro, sino que aprendan a apoyarse mutuamente en sus sueños y a construir puentes entre esas visiones. Las diferencias no tienen por qué alejarlos; por el contrario, pueden ser una fuente de aprendizaje y de fuerza para la relación.

Al final, el amor en pareja es un camino de constante adaptación, de aceptar que los planes pueden cambiar y de celebrar que, aun en medio de esas diferencias, ambos pueden avanzar juntos. Que este capítulo les recuerde que las metas y valores de cada uno son valiosos y que, con la guía de Dios, pueden convertir esas diferencias en los pilares de una relación que crece y se fortalece con cada paso.

"El amor no consiste en mirarse el uno al otro, sino en mirar juntos en la misma dirección." **Antoine de Saint-Exupéry**

Capítulo 6

INFIDELIDAD, CELOS E INSEGURIDADES

"El amor es paciente, es bondadoso. El amor no es envidioso ni jactancioso ni orgulloso. No se comporta con rudeza, no es egoísta, no se enoja fácilmente, no guarda rencor." 1 Corintios 13:4-5

La infidelidad, los celos y las inseguridades son temas que a menudo se manejan en silencio o con incomodidad, pero que están más presentes de lo que nos gustaría admitir en las relaciones de pareja actuales. Estas dificultades no solo afectan a los individuos directamente involucrados, sino que tienen un impacto en toda la estructura de la familia, incluyendo a los hijos. La confianza, uno de los pilares fundamentales de cualquier relación, puede quebrarse en un instante, y reconstruirla no es tarea fácil.

Las estadísticas son alarmantes: en Estados Unidos, aproximadamente el 34% de los matrimonios terminan en divorcio debido a la infidelidad. Esto significa que cada año, alrededor **de 234,000 familias se ven afectadas** por rupturas relacionadas con la falta de fidelidad en la pareja.

Pero más allá de los números, es importante recordar que cada divorcio representa una familia en crisis, y el dolor de esta separación afecta tanto a los padres como a los hijos. Los padres deben lidiar con la traición, el dolor y el proceso de adaptación a una vida nueva, mientras que los hijos, a menudo, deben navegar en un mar de emociones complejas, sintiendo la tensión y el conflicto de quienes más aman.

En América Latina, aunque no siempre hay cifras exactas, la infidelidad es una causa común de separación, reflejando patrones culturales y expectativas sociales que pueden variar, pero que igualmente afectan profundamente las dinámicas familiares. En muchos casos, la infidelidad y los celos no solo rompen la relación, sino que también impactan la autoestima y la confianza personal, dejando secuelas que pueden durar años.

Este capítulo tiene como objetivo abordar estos temas desde una perspectiva realista y compasiva. Queremos que cada lector entienda que, aunque estos problemas son difíciles de superar, no son el fin de la historia. La infidelidad, los celos y las inseguridades pueden ser, en muchos casos, desafíos que invitan a reflexionar, a crecer y, en algunos casos, a reconstruir la relación desde una base más sólida. No se trata de buscar culpables, sino de aprender a sanar, a perdonar y, en última instancia, a decidir el mejor camino para el bienestar de todos los involucrados.

Hablaremos sobre cómo estos temas afectan las relaciones de pareja actuales, cómo se puede trabajar para prevenirlos y qué hacer cuando ya forman parte de la relación. Porque, aunque el dolor de una traición o una inseguridad profunda puede ser abrumador, también existen herramientas para enfrentar estos desafíos con valentía, sabiduría y un corazón abierto al cambio.

Círculos de Desconfianza: Navegando la Infidelidad, los Celos y las Inseguridades.

La infidelidad, los celos y las inseguridades son como una tormenta emocional que puede azotar hasta la relación más estable. Aunque cada una de estas cuestiones tiene sus propias raíces, a menudo están conectadas, alimentándose unas a otras y creando un ciclo que puede ser devastador si no se maneja adecuadamente.

La Infidelidad

La infidelidad, ya sea física o emocional, es una de las experiencias más dolorosas que una pareja puede enfrentar. Cuando se rompe la confianza de esta manera, la relación queda marcada. Pero, ¿por qué ocurre la infidelidad? Las razones pueden ser variadas: desde la búsqueda de validación externa hasta problemas de comunicación en la relación. Sin embargo, el impacto es el mismo: el dolor, la traición y una profunda inseguridad que afecta no solo al engañado, sino también al que traiciona, ya que muchas veces surgen sentimientos de culpa y arrepentimiento.

Además, en una sociedad en la que la tecnología permite que estemos en contacto con personas de todo el mundo con solo un clic, la "línea" entre lo que es una infidelidad y lo que no lo es puede volverse difusa. Un "like" en una foto, un mensaje por chat, o incluso un emoji guiñando el ojo pueden ser interpretados de maneras muy distintas, y lo que para uno es inofensivo, para el otro puede ser el inicio de un conflicto.

Los Celos

Los celos son como ese "enemigo silencioso" que todos, en mayor o menor medida, hemos sentido alguna vez.

Aparecen cuando sentimos que algo o alguien amenaza nuestra relación o el lugar que ocupamos en la vida de nuestra pareja. Y aunque un poco de celos puede ser natural, cuando se vuelven constantes o irracionales, pueden causar grandes problemas.

Los celos suelen venir de la mano de inseguridades personales: ¿Soy suficiente? ¿Y si alguien más llama la atención de mi pareja? Estas preguntas generan una sensación de ansiedad que muchas veces termina en discusiones que, aunque tengan un toque de comedia, reflejan miedos muy reales. Porque detrás de cada "¿quién es esa persona en tu Instagram?" o "¿por qué no me contaste sobre esa salida?", lo que realmente queremos saber es: "¿Soy importante para ti?".

El problema es que cuando no gestionamos estos celos, podemos caer en comportamientos controladores o en actitudes que, lejos de acercar a nuestra pareja, la alejan. El miedo a perder al otro puede convertirse en una profecía autocumplida si no aprendemos a confiar.

Las Inseguridades

Ah, las inseguridades... Ese "fantasma" que a menudo llevamos a la relación desde antes de que esta comenzara.

Porque, seamos honestos, nadie es completamente seguro de sí mismo todo el tiempo. Todos tenemos áreas en las que nos sentimos vulnerables, y cuando estamos en una relación, esas inseguridades suelen amplificarse.

Las inseguridades pueden venir de experiencias pasadas, de expectativas sociales o incluso de comparaciones que hacemos sin darnos cuenta. Quizás sentimos que no somos lo suficientemente atractivos, o que no tenemos los logros que pensamos que nuestra pareja merece. Estas inseguridades pueden llevarnos a buscar constantemente la validación de nuestra pareja o, en el peor de los casos, a dudar de su amor por nosotros.

El problema es que las inseguridades son una trampa: cuanto más necesitamos que nuestra pareja nos confirme su amor, más dependientes nos volvemos, y menos capaces somos de disfrutar de una relación sana.

Esta dependencia puede hacer que interpretamos cualquier acción o inacción de nuestra pareja como una señal de desinterés, lo cual solo intensifica nuestros miedos y ansiedades.

El Ciclo de la Tormenta

Cuando la infidelidad, los celos y las inseguridades se combinan, crean un ciclo peligroso. La infidelidad, o incluso la sospecha de ella, alimenta los celos; los celos, a su vez, alimentan las inseguridades, y las inseguridades nos hacen sentir menos valiosos, menos dignos de amor y más ansiosos por el futuro de la relación.

Este ciclo puede ir creciendo, afectando no solo a la pareja, sino también a cada persona de manera individual.

La buena noticia es que, aunque este ciclo parece inquebrantable, existen formas de manejarlo. La clave está en la comunicación sincera, la empatía y, sobre todo, en aprender a conocernos a nosotros mismos y a gestionar nuestras emociones. Porque si bien la infidelidad, los celos y las inseguridades son desafíos difíciles, también son oportunidades para crecer, para fortalecer la confianza y para construir una relación más sólida y auténtica.

Este capítulo explora cómo podemos enfrentar este ciclo destructivo, cómo podemos trabajar juntos para superar las heridas de la infidelidad, y cómo podemos usar los celos y las inseguridades como herramientas de autoconocimiento. Porque al final del día, toda relación enfrenta tormentas, pero con el compromiso de ambos, podemos aprender a navegar por ellas y a salir más fuertes.

Reconstruyendo Juntos: Herramientas para Enfrentar Infidelidad, Celos e Inseguridades

Cuando hablamos de infidelidad, celos e inseguridades, estamos tocando temas que pueden parecer insuperables.

Pero la realidad es que, aunque son complejos, estos desafíos pueden convertirse en oportunidades para fortalecer la relación y crecer juntos. Aquí te ofrecemos algunas estrategias prácticas para enfrentar estas dificultades de una manera sana y constructiva.

1. La "Hora de la Honestidad": Una Conversación sin Juzgar

El primer paso para abordar estos temas es hablar de ellos abiertamente, pero no de cualquier manera. Es importante crear un espacio seguro en el que ambos puedan expresar lo que sienten sin miedo a ser juzgados.

Reserva una "hora de la honestidad" en la que cada uno pueda compartir sus miedos, dudas e inseguridades, sin que el otro reaccione de inmediato. No se trata de buscar culpables ni de hacer reclamos; más bien, se trata de escuchar y entender. Para hacer esto, pueden seguir la regla de "Primero escuchar, luego hablar". Uno comparte sus sentimientos, y el otro solo escucha, sin interrumpir ni dar explicaciones. Luego, cambian de roles.

Esta práctica permite que ambos entiendan el origen de sus emociones y se sientan escuchados, lo cual es clave para construir una base de confianza.

2. Crea un "Contrato de Confianza"

Un "contrato de confianza" es un acuerdo informal que ambos crean para establecer reglas claras sobre lo que cada uno necesita para sentirse seguro y valorado en la relación.

Por ejemplo, si uno de los dos siente inseguridad con respecto a la infidelidad o los celos, pueden acordar ciertas pautas que los hagan sentir más tranquilos.

Esto puede ser algo tan simple como comprometerse a ser transparentes con las amistades o a comunicar con claridad las salidas individuales.

Es importante que este "contrato" sea equilibrado, de manera que ambos se sientan respetados y tengan la seguridad de que no están sacrificando su independencia. La clave es que el contrato sea mutuo y revisable con el tiempo, adaptándose a las necesidades de la relación.

3. Práctica del "Semáforo de Celos"

Esta técnica ayuda a poner en perspectiva los celos, clasificándolos en tres niveles: verde, amarillo y rojo. Cada uno representa una "intensidad" de celos y una forma de reaccionar ante ellos.

Verde: Son los celos "leves", que surgen en situaciones cotidianas y que puedes manejar fácilmente. Aquí es donde, por ejemplo, te molesta un "like" en una foto, pero puedes controlar la situación sin problema. La solución aquí es respirar, racionalizar y recordar que tu pareja te eligió a ti.

Amarillo: Estos celos son un poco más intensos y requieren una conversación. Tal vez tu pareja ha pasado mucho tiempo con alguien nuevo en el trabajo y eso te incomoda. En estos casos, es útil expresar tus sentimientos desde una perspectiva tranquila y sincera: "Me he sentido un poco inseguro/a sobre esto y quería compartirlo contigo".

Rojo: Este nivel es cuando los celos son muy intensos y requieren una revisión de la relación. Puede que algo en la dinámica necesite cambiar para que ambos se sientan seguros. Aquí es necesario hacer una pausa, revisar juntos el "contrato de confianza" y, si es necesario, buscar ayuda externa, como un consejero de parejas.

Este ejercicio ayuda a mantener los celos bajo control, recordando que no todos los sentimientos de inseguridad son igual de urgentes y que, al gestionarlos, evitamos reacciones impulsivas.

4. La Técnica del "Refuerzo Positivo"

Es fácil centrarse en lo que nos molesta o en lo que necesitamos cambiar, pero una manera efectiva de combatir los celos e inseguridades es practicar el refuerzo positivo. Cada vez que tu pareja hace algo que te hace sentir seguro/a o valorado/a, agradécelo y reconócelo.

Por ejemplo, si tu pareja hace algo que refuerza la confianza, como compartir contigo un momento importante de su día o presentarte a sus amigos, dale las gracias y dile cuánto aprecias ese gesto. Este tipo de reconocimiento fortalece la conexión y le da a la pareja un sentido de seguridad en la relación.

5. Terapia de Pareja: Rompiendo Estigmas

En 2023, aproximadamente 1.2 millones de parejas en Estados Unidos buscaron terapia profesional para abordar desafíos en sus relaciones, incluyendo infidelidad, celos e inseguridades.

De estas, alrededor del 70% lograron fortalecer y mantener su vínculo tras el proceso terapéutico.

Cuando la infidelidad, los celos o las inseguridades han causado un impacto significativo en la relación, la terapia de pareja se convierte en una herramienta esencial para reconstruir la confianza y aprender a gestionar estos desafíos con el apoyo de un profesional. Aunque persiste el estigma de que acudir a terapia es una señal de "fracaso", en realidad, es un espacio donde las parejas pueden conocerse mejor, comprender sus emociones y construir una relación más sólida. Un terapeuta de pareja ofrece herramientas específicas para manejar problemas, desde ejercicios de comunicación hasta estrategias para superar la infidelidad.

La decisión de buscar ayuda profesional refleja un compromiso mutuo para enfrentar y superar obstáculos, demostrando que ambos valoran y desean fortalecer su relación.

6. Fomentar el Crecimiento Individual

Por último, pero no menos importante, es fundamental que cada persona en la pareja trabaje en su crecimiento personal. Las inseguridades, en su mayoría, provienen de sentimientos de insuficiencia o miedo a no ser lo suficientemente buenos. Cuando ambos trabajan en fortalecer su autoestima y en alcanzar sus propias metas, se vuelven personas más seguras y menos propensas a los celos y la desconfianza.

Fomenten el crecimiento individual apoyándose mutuamente: celebren los logros personales de cada uno, inviten a la pareja a perseguir sus sueños y den espacio para que ambos desarrollen su propio mundo. Esto no solo mejora la relación, sino que también reduce la dependencia emocional que a menudo alimenta las inseguridades.

Malos Consejos: Cuando las Confidencias Complican Más los Problemas de Pareja

En momentos de crisis, es natural que busquemos apoyo en las personas cercanas: amigos, familiares o incluso colegas. Sin embargo, cuando se trata de problemas delicados como la infidelidad, los celos y las inseguridades, es común que las parejas confíen en personas que, aunque bien intencionadas, no tienen la experiencia ni el conocimiento adecuado para aconsejar de manera constructiva.

Esto puede llevar a que el problema, en lugar de resolverse, se vuelva aún más complicado.

Imaginemos a alguien que, tras una discusión de celos, se desahoga con un amigo que le aconseja reaccionar con frialdad o con manipulación para "enseñarle una lección" a su pareja. Aunque suene lógico en ese momento de enojo, este tipo de consejos tiende a avivar el conflicto y a construir muros en lugar de puentes. O pensemos en aquella persona que, tras descubrir una infidelidad, recibe el consejo de ignorar el problema o de "hacer lo mismo" como venganza, lo que solo suma más dolor a la situación y dificulta cualquier intento de reconciliación.

Cuando los consejos vienen de personas que no entienden a fondo la situación o las complejidades de la relación, el resultado suele ser un manejo inadecuado de la crisis. En lugar de ayudar a la pareja a encontrar un camino hacia la reconciliación o el entendimiento, estos consejos pueden distorsionar la percepción del problema, sembrando más inseguridades y resentimientos.

La solución no es aislarse ni guardar silencio, sino buscar el apoyo adecuado, ya sea en un profesional o en alguien con la empatía y la experiencia necesarias para ofrecer una perspectiva equilibrada.

Porque en momentos de vulnerabilidad, un buen consejo puede ser la diferencia entre sanar o abrir aún más la herida.

Ayudando desde el Corazón:

El Privilegio de Acompañar en Tiempos de Inseguridad

A lo largo de nuestra vida, hemos sido testigos de cómo los celos y las inseguridades pueden invadir los corazones de muchas personas queridas: amigos, familiares, conocidos.

En más de una ocasión, alguien nos ha buscado con la mirada baja y el corazón herido, pensando que no hay salida, que el dolor y la desconfianza se han apoderado de su relación. Es en esos momentos, cuando parece que no hay esperanza, que sentimos un profundo llamado a compartir lo que Dios nos ha enseñado sobre el amor, el perdón y la fe.

Es una bendición, y no la tomamos a la ligera.

Saber que, a través de nuestra propia experiencia y de las pruebas que hemos superado, podemos tender una mano a quienes piensan que el amor se ha roto.

Nos hemos dado cuenta de que, muchas veces, lo que necesitan no son consejos complicados ni soluciones inmediatas, sino simplemente alguien que los escuche y les recuerde que no están solos, que siempre hay un camino para sanar.

Cada vez que alguien nos comparte su historia, agradecemos a Dios por darnos las palabras y la fortaleza para acompañarlos. Nos encanta ofrecerles un consejo desde el corazón, uno que ponga el amor en primer lugar, que les muestre que el perdón es posible y que la fe es esa luz que nunca se apaga, por más oscuro que parezca el camino.

Para nosotros, este es un regalo: poder ayudar a quienes sienten que su relación está al borde del abismo, recordándoles que siempre hay esperanza, que Dios tiene planes de sanación y restauración para aquellos que creen en Su amor.

Y, al final, nos sentimos agradecidos porque sabemos que también aprendemos de ellos, que su valentía y su disposición a cambiar nos inspiran cada día a ser mejores.

De la Duda a la Confianza: Reescribiendo la Historia de Amor

La infidelidad, los celos y las inseguridades son desafíos que pueden parecer inquebrantables. Sin embargo, con las herramientas adecuadas y una actitud de fe, es posible superarlos y salir fortalecidos como pareja. A lo largo de este capítulo, hemos explorado las raíces de estos problemas y hemos aprendido que, aunque todos enfrentamos momentos de duda y temor, siempre existe la oportunidad de construir una relación más sólida basada en la confianza y el amor genuino.

Hemos visto que la comunicación abierta y la honestidad son esenciales para romper el ciclo de los celos y las inseguridades, y que el perdón, tanto hacia nosotros mismos como hacia nuestra pareja, es clave para sanar las heridas que deja la infidelidad.

A través de ejercicios como la Caja de la Confianza, podemos recordar que nuestra relación es un espacio seguro donde ambos tienen derecho a expresar sus miedos y a ser escuchados con respeto.

Este capítulo te invita a poner en práctica lo aprendido y a recordar que el verdadero amor no está libre de problemas, sino que es un amor que se fortalece en las pruebas. Con Dios como guía y con un compromiso genuino de ambos, los desafíos de la infidelidad, los celos y las inseguridades pueden transformarse en oportunidades para crecer y aprender a amar de una manera más auténtica.

Así que, adelante: practiquen, hablen y perdonen. Construyan juntos una relación que refleje confianza y serenidad, y recuerden que el amor es un trabajo constante, una elección diaria de cuidarse y apoyarse mutuamente, sin importar las tormentas que enfrenten.

"Cuando eres fiel a ti mismo, es mucho más fácil ser fiel a los demás." **Paulo Coelho**

Capítulo 7

CONFLICTOS POR DINERO Y FINANZAS.

"La gratitud abre puertas donde otros ven muros. Cuando agradeces, reconoces tus bendiciones y atraes nuevas oportunidades."

El dinero, ese "pequeño papelito" que parece tener el poder de unir o dividir parejas. Aunque no lo queramos admitir, las finanzas son una de las principales fuentes de conflicto en las relaciones. Es curioso, porque al principio, cuando todo es amor y romance, pocas veces pensamos en lo que cada uno de nosotros entiende sobre el dinero. Luego, con el tiempo, surgen los verdaderos retos: uno es más ahorrador, el otro más gastador; uno sueña con invertir, y el otro prefiere la estabilidad de guardar bajo el colchón (o en la cuenta de ahorros).

En un mundo donde las deudas, las responsabilidades y los sueños financieros son parte de la vida diaria, es normal que el dinero se convierta en un tema delicado. Este capítulo explora cómo las diferencias en las perspectivas sobre el dinero pueden generar tensiones en la pareja y, lo más importante, cómo pueden ser manejadas de forma que se conviertan en una oportunidad para fortalecer la relación.

Porque sí, la vida en pareja implica aprender a coordinar desde el "quiero una salida de fin de semana" hasta "¿estamos listos para comprar una casa?". Y en ese proceso, cada uno trae sus experiencias, sus miedos y sus sueños financieros, que a veces no coinciden. Pero la buena noticia es que, cuando ambos trabajan juntos y se comunican con claridad, pueden superar cualquier obstáculo, incluso el tan temido "conflicto por dinero".

Construyendo Sueños y Finanzas:

Nuestra historia Cuando John y yo nos conocimos hace casi 16 años, la vida era muy diferente. No teníamos mucho dinero, y, como en cualquier relación, los retos económicos estaban a la vuelta de la esquina. Pero desde el primer día, ambos teníamos algo muy claro: el dinero no iba a ser un obstáculo en nuestra relación. Queríamos construir algo juntos, y para eso, sabíamos que las finanzas debían manejarse con la misma importancia y responsabilidad que cualquier otro aspecto de nuestra vida.

Lo gracioso de nuestra historia es que, siendo John contador público y con su amor casi obsesivo por los números, uno podría pensar que la administración de nuestras finanzas sería perfecta desde el principio. ¡Y bueno, sí lo fue! Pero solo porque él estaba allí para poner orden. Yo, por otro lado... bueno, digamos que los números y yo no siempre hemos sido los mejores amigos. A mí, lo que me gustaba era ver la cuenta llena, porque, seamos sinceras, ¿a qué mujer no le gusta esa sensación de seguridad y confianza? Ver unos cuantos ceros más en la cuenta me hacía sentir como si todo fuera posible.

Recuerdo que, al inicio de nuestro matrimonio, teníamos una pequeña tradición cada vez que llegaba la fecha de pagar las cuentas. John se sentaba con su computadora, sus hojas de cálculo, y me decía, casi con un brillo en los ojos, "Vamos a hacer el presupuesto del mes". Yo lo miraba y pensaba: "¿Presupuesto? ¿Por qué no mejor gastamos en algo bonito?" Pero allí estábamos, cada mes, él con sus cálculos, y yo tratando de entender, más por amor que por convicción.

Un día, mientras revisábamos las cuentas, le dije en broma: "John, la verdad, me encanta que seas tan organizado, pero solo prométeme que en algún momento vamos a gastar sin preocuparnos tanto". Él soltó una carcajada y, con su tono serio, pero siempre cariñoso, me dijo: "Para eso hacemos el presupuesto. Para que podamos gastar y disfrutar, pero también para asegurarnos de que siempre tengamos lo suficiente".

Y tenía razón. A lo largo de los años, hemos aprendido que el dinero no debe ser un tema incómodo o una causa de conflicto. Hemos construido nuestra vida alrededor de la idea de que cada centavo que ganamos es para el bien de la familia, que cada esfuerzo es compartido, y que no importa cuánto entre o salga, mientras tengamos claro que estamos trabajando para un mismo lado.

A lo largo del tiempo, me he convertido en su "socia financiera", y él ha aprendido a relajar un poco sus cálculos. Ahora, hacemos el presupuesto juntos, y aunque él sigue siendo el experto, yo me he vuelto su compañera en esta aventura. Y sí, aún bromeo con que algún día nos vamos a dar un lujo sin pensarlo demasiado.

En nuestra relación, el dinero nunca ha sido un problema, porque siempre hemos hablado de él con transparencia, y eso nos ha permitido superar desacuerdos. Hemos aprendido que, así como entendemos nuestros roles en otros aspectos de la relación, el tema de las finanzas también es una cuestión de equipo, de sueños compartidos y de proyectos que construimos juntos. Y si hay algo que nos mantiene unidos, es esa certeza de que lo que él gana, lo que yo gano, y lo que ambos soñamos, es para nuestra familia y para el futuro que queremos juntos.

El Poder del Dinero en Pareja: Identificando causas

El dinero tiene un lugar especial en la vida de todos nosotros, y aunque parezca algo práctico y "frío", está cargado de emociones, experiencias y valores personales.

Los conflictos por dinero en las parejas no solo se deben a la cantidad de dinero que se tiene o se gasta, sino a las creencias profundas que cada uno tiene sobre el valor y el propósito del dinero.

Existen varias causas comunes detrás de los conflictos financieros en pareja:

1. Diferencias en los Estilos de Gastos:

Uno es más ahorrador, el otro más gastador. Mientras uno se siente seguro ahorrando, el otro se siente pleno invirtiendo o disfrutando del dinero. Estas diferencias pueden generar tensiones constantes y hacer que ambos sientan que el otro no entiende o respeta sus prioridades.

2. Metas Financieras Distintas:

En toda relación, cada uno tiene sueños y metas, y muchas de ellas implican dinero. Uno puede querer ahorrar para una casa, mientras que el otro quiere disfrutar de las vacaciones ahora. Estas diferencias en metas crean una sensación de "competencia" por los recursos financieros y pueden llevar a discusiones si no se manejan de forma adecuada.

3. Inseguridades y Experiencias Pasadas:

Las experiencias familiares y personales moldean la forma en que cada uno percibe el dinero. Tal vez uno creció en una familia donde había carencias económicas y ahora quiere asegurarse de tener siempre un fondo de emergencia. El otro, en cambio, puede haber crecido en un ambiente de abundancia y no siente la misma necesidad de ahorro.

Estas inseguridades afectan la manera en que cada uno toma decisiones financieras.

4. Falta de Comunicación:

Muchas veces, el dinero se convierte en un tema tabú en la relación. Cada uno asume que el otro entiende sus expectativas y prioridades, pero rara vez se discute de forma abierta. Esta falta de comunicación es una de las causas principales de los conflictos financieros, ya que ambos terminan actuando de acuerdo a sus propias creencias sin considerar las del otro.

El efecto de estos problemas puede ser desgastante para la relación. Cuando no se llega a un acuerdo sobre las finanzas, se generan resentimientos, frustraciones y una sensación de incomprensión.

Las parejas pueden llegar a sentirse como "enemigos financieros" en lugar de un equipo. Y, peor aún, el dinero se convierte en un tema de tensión que, poco a poco, erosiona la intimidad y la confianza.

Sin embargo, estos conflictos no tienen por qué ser el fin de la relación. El dinero, aunque importante, es solo una herramienta. Y, al igual que cualquier otra herramienta, puede usarse para construir o para destruir. La clave está en aprender a hablar de las finanzas sin miedo, en entender las prioridades del otro y en recordar que, al final, el dinero debe servir para apoyar la vida que ambos desean construir juntos.

En este capítulo, exploraremos estrategias prácticas para manejar las finanzas en pareja, aprender a encontrar puntos de acuerdo y convertir el dinero en un recurso que refuerce la relación, en lugar de desgastarla.

Creciendo las Finanzas en equipo

1. Establezcan un Presupuesto Mensual Juntos

Un presupuesto es una de las herramientas más poderosas en finanzas.

Hacerlo juntos permite que ambos tengan claridad sobre los ingresos, gastos y objetivos financieros.

Dividan el presupuesto en categorías claras (hogar, ahorro, ocio, etc.) y revísenlo cada mes para asegurarse de que están en el mismo camino.

2. Definan Objetivos Financieros Compartidos

Tener metas claras, ya sea ahorrar para una casa, pagar deudas o construir un fondo de emergencia, puede motivarlos a ambos a trabajar en la misma dirección. Establezcan plazos y cantidades realistas, y celebren juntos cada pequeño logro.

3. Asignen Roles Financieros Según sus Fortalezas

Si uno es mejor para las cifras (como John en su caso), pueden encargarse del seguimiento de gastos, mientras que el otro se enfoca en mantener los objetivos y prioridades de gastos en la vida diaria.

Dividir roles en base a sus fortalezas puede hacer que la gestión financiera sea más eficiente y menos estresante.

4. Reúnanse Regularmente para Hablar de las Finanzas

Crear el hábito de tener "reuniones financieras" una vez al mes o cada dos semanas les permitirá revisar juntos cómo van con su presupuesto y sus objetivos.

Este es un espacio para conversar con tranquilidad y sin reproches, manteniendo la comunicación abierta y sincera.

5. Mantengan una Cuenta de Emergencia Separada

Contar con un fondo de emergencia les brindará paz mental. Este fondo puede cubrir gastos imprevistos y ayudar a evitar el uso de tarjetas de crédito o préstamos. Fijen un objetivo de ahorro específico para esta cuenta y contribuyan a ella poco a poco hasta alcanzarlo.

6. Reduzcan deudas y eviten gastar de más

Si tienen deudas, establezcan un plan de pagos para reducirlas, priorizando las de mayor interés. Además, es importante aprender a decir "no" a los gastos innecesarios. Establezcan un límite para gastos de ocio y manténganse en lo planeado.

7. Den el Primer Paso en el Ahorro e Inversión

Ahorren un porcentaje de sus ingresos, aunque sea pequeño, y busquen oportunidades de inversión que se ajusten a sus conocimientos y tolerancia al riesgo. Las inversiones a largo plazo, como fondos de ahorro o bonos, pueden ser una forma de construir riqueza para el futuro.

8. Permanezcan Unidos en el Camino Financiero

Recuerden que el dinero es una herramienta para construir juntos, no un fin en sí mismo.

Enfrentar las finanzas en pareja con responsabilidad y comunicación puede ayudar a reducir el estrés y fortalecer su relación. Mantenerse alineados en sus valores y objetivos financieros les permitirá crecer juntos y alcanzar la estabilidad que desean.

El Verdadero Tesoro: Fe y Unidad en las Finanzas

El dinero es un tema que puede poner a prueba nuestra paciencia y nuestra unidad, pero también es una oportunidad para recordar que nuestra seguridad no depende de nuestras cuentas bancarias, sino de nuestra fe. La Biblia nos enseña que el verdadero valor de las cosas no está en su precio, sino en el propósito que Dios tiene para cada uno de nosotros. Cuando compartimos nuestra vida y nuestras finanzas con alguien, es fundamental recordar que la provisión y la abundancia vienen de Dios, y que, con fe y esfuerzo, Él siempre provee.

En **Mateo 6:21,** Jesús nos da una lección importante sobre las prioridades: "Porque donde esté tu tesoro, allí estará también tu corazón." Este versículo nos invita a reflexionar sobre qué estamos valorando realmente en nuestra relación. ¿Es el dinero o la seguridad financiera lo más importante? ¿O estamos poniendo el amor, la comprensión y el respeto por encima de nuestras diferencias económicas?

Al enfrentar conflictos por dinero, recordar que Dios nos llama a vivir en paz y unidad puede ayudarnos a tomar decisiones basadas en Su amor y Su provisión.

Al confiar en Él y poner nuestras finanzas en Sus manos, aprendemos a soltar el miedo y la inseguridad que el dinero a veces genera. En lugar de ver el dinero como una fuente de poder o control, lo vemos como un recurso que Dios nos ha dado para apoyarnos mutuamente y construir una vida juntos. Cuando ambos reconocen esto, es mucho más fácil abordar los problemas financieros desde una perspectiva de amor y cooperación.

EJERCICIO PRACTICO

Este ejercicio está diseñado para ayudar a las parejas a hablar sobre sus finanzas de manera práctica y emocional, enfocándose en lo que realmente quieren lograr juntos.

Materiales: Papel, bolígrafos y un tiempo tranquilo para ambos.

Instrucciones:

1. Hagan una Lista de sus Metas Individuales y de Pareja

Cada uno va a tomar una hoja y va a escribir dos listas: una con sus metas financieras individuales (por ejemplo, "ahorrar para un curso" o "comprar un auto") y otra con las metas que creen que comparten como pareja (por ejemplo, "ahorrar para una casa" o "pagar deudas").

Después de unos minutos, compartan lo que han escrito y hablen sobre por qué esas metas son importantes para cada uno.

2. Prioricen sus Metas Conjuntas

Una vez que hayan compartido sus listas, elijan juntas las tres metas que son más importantes para ambos como pareja. Este paso es clave, porque aquí ambos tienen la oportunidad de alinearse y decidir cuáles son sus prioridades.

Puede ser que decidan ahorrar para unas vacaciones, para un fondo de emergencia o para una inversión en el hogar. Lo importante es que las metas que elijan representen lo que realmente valoran en conjunto.

3. Establezcan un Presupuesto Realista

Ahora que tienen claras sus metas, creen un "presupuesto de los sueños compartidos". Decidan cuánto pueden destinar mensualmente a cada meta y comprométanse a seguir este presupuesto. Este ejercicio les permitirá organizar sus finanzas de manera que ambos sientan que sus sueños están siendo respetados y que están trabajando hacia un futuro en común.

4. Evalúen el Progreso Juntos

Establezcan una fecha, una vez al mes o cada dos meses, para revisar cómo van con su "presupuesto de los sueños compartidos". ¿Están cumpliendo lo que planearon? ¿Es necesario hacer ajustes? Celebrar los pequeños avances también es importante; cada vez que alcanzan una meta o logran ahorrar una cierta cantidad, tómense un momento para reconocer su esfuerzo como equipo.

Objetivo del Ejercicio:

Este ejercicio busca transformar el manejo del dinero en un proyecto de vida en común, en el que ambos tengan voz y voto. El "Presupuesto de los Sueños Compartidos" no solo ayuda a organizar las finanzas, sino que fortalece la relación, porque muestra que ambos están comprometidos con el bienestar y los deseos del otro.

Más que Dinero: Una Conclusión para Crecer Juntos

El dinero, aunque a veces se presenta como un tema frío y racional, es un aspecto lleno de emociones y significados. Las diferencias en las prioridades financieras pueden parecer insuperables al principio, pero si las parejas aprenden a hablar de sus sueños y sus preocupaciones de manera abierta, esos conflictos pueden convertirse en una oportunidad para crecer juntos.

A lo largo de este capítulo, hemos aprendido que no se trata de ver quién tiene la razón o de imponer nuestras prioridades. Se trata de encontrar un equilibrio y un punto de entendimiento donde ambos se sientan respetados y valorados.

La clave está en reconocer que el dinero es solo una herramienta para construir la vida que desean y que, al fin y al cabo, la relación es mucho más importante que cualquier cantidad en una cuenta de ahorros.

El "Presupuesto de los Sueños Compartidos" es una forma práctica de recordar que, al final del día, están juntos en este camino y que las metas financieras pueden ser una forma de apoyarse y de construir el futuro que ambos desean. Y, sobre todo, nunca olviden que Dios es quien provee, y que cuando ambos trabajan juntos en amor, cualquier reto financiero puede ser superado.

Este capítulo los invita a poner en práctica lo aprendido, a hablar de dinero sin miedo y a construir una relación en la que el dinero no sea una fuente de conflicto, sino un recurso que los acerque y los fortalezca como pareja. Porque cuando ambos trabajan con respeto y unidad, no solo sus finanzas, sino también su amor, crecen y florecen.

"No es el hombre quien posee la riqueza, sino la riqueza quien posee al hombre." Benjamín Franklin

Capítulo 8:

LA MAGIA DE
LA INTIMIDAD.

"Por tanto, dejará el hombre a su padre y a su madre, y se unirá a su mujer, y serán una sola carne." **Génesis 2:24**

¿Sabías qué la falta de intimidad es una de las principales razones por las que las parejas deciden separarse? De hecho, un estudio reciente reveló que el 19% de las parejas mencionaron la ausencia de conexión íntima como un factor clave en su decisión de terminar. Y aunque muchas veces el tema se ignora o se da por sentado, la intimidad, esa mezcla mágica de cercanía emocional, física y espiritual— es uno de los ingredientes esenciales en una relación duradera y feliz.

La intimidad es mucho más que lo que sucede en la cama (aunque, admitámoslo, eso también tiene su importancia). La verdadera intimidad es esa conexión profunda que nos hace sentir vistos, deseados y amados, sin reservas. Es la chispa que nos mantiene cercanos, que nos permite vernos a los ojos y recordar por qué elegimos compartir nuestra vida con esa persona.

Sin esa chispa, sin esos momentos de conexión que nos hacen sentir vivos, es fácil que la relación se enfríe y que las pequeñas distancias se conviertan en abismos.

Pero, seamos sinceros: la intimidad no siempre es fácil de mantener. Con el tiempo, las responsabilidades, las rutinas y hasta las inseguridades pueden apagar la llama que alguna vez fue intensa. Y entonces, sin darnos cuenta, empezamos a vivir como compañeros de casa en lugar de amantes. Es un problema común, pero no menos importante; sin esa conexión íntima, el amor puede empezar a sentirse como una obligación en lugar de una pasión.

Este capítulo explora por qué la intimidad es tan esencial para la salud de una relación y cómo pueden, como pareja, reconectar y recuperar esa chispa. Aquí no vamos a dar fórmulas mágicas (aunque la palabra "magia" está en el título, no confundamos), pero sí vamos a ofrecer herramientas prácticas y reflexiones profundas para fortalecer ese vínculo íntimo que les recuerda, cada día, por qué están juntos.

Porque al final del día, la magia de la intimidad no está en la perfección, sino en la vulnerabilidad y en la decisión de ser auténticos el uno con el otro. Es un recordatorio de que, aunque haya problemas y desafíos, siempre hay espacio para volver a conectar, para reír, para tocarse y para decir "te elijo", una y otra vez.

¿Están listos para recuperar la chispa y explorar la magia de la intimidad? Este capítulo es una invitación a sumergirse en ese universo de emociones, de cercanía y de conexión que hace que el amor sea algo más que una palabra: lo convierte en una experiencia.

Anécdota: De Amor a "Bro" en Solo Cuatro Días

Todo comenzó una mañana de lunes. Después de un fin de semana cargado de compromisos familiares, trabajo y un poco de estrés, Miguel se dio cuenta de que ya llevaban varios días sin tener un momento de intimidad con Laura. No era algo planeado, simplemente había pasado. Y claro, como cualquier hombre, trató de tomárselo con calma, pensando: "Es solo una racha, ya volveremos a la normalidad".

Pero los días pasaron, y el martes tampoco hubo "acción". Laura estaba agotada y se fue a dormir temprano, dejando a Miguel con un vaso de agua en la mano y una sensación de vacío en el pecho. "Está bien, sigue siendo martes. Tranquilo, Miguel, seguro mañana", se dijo a sí mismo, intentando calmar su creciente frustración.

El miércoles fue una repetición del día anterior. Laura, cansada del trabajo y después de una maratón de series en el sofá, le dio a Miguel un beso rápido en la mejilla antes de apagar la luz y dormirse en cuestión de segundos. Miguel, acostado a su lado, empezó a notar que su "paciencia" se estaba agotando, y para colmo, comenzó a sentirse algo resentido.

Para el jueves, ya la situación había escalado. En lugar de irse a dormir frustrado, decidió cambiar de estrategia. "¿Para qué seguir esperando y sufrir? Si no hay nada de romance, pues me adapto a la situación", pensó, entre broma y resignación.

Y así llegó la mañana del viernes. Cuando Laura se levantó, se acercó a Miguel para darle un beso en la mejilla y desearle buenos días. Pero, para su sorpresa, Miguel, con una expresión seria pero divertida, extendió el puño y le dijo: "¿Qué onda, bro?", golpeando su puño contra el de ella como si fueran compañeros de gimnasio.

Laura, desconcertada, le dio una mirada entre risueña e incrédula.

Esa noche, cuando se fueron a la cama, Miguel siguió con su nueva "estrategia" y, en lugar de abrazarla o intentar cualquier acercamiento, se limitó a decirle "buenas noches, compa" y se dio la vuelta, como si estuviera en una pijamada con su mejor amigo.

Al día siguiente, Laura, divertida pero también un poco intrigada, le preguntó: "¿Y esa actitud tan rara? ¿Por qué me tratas como a uno de tus amigos?" Miguel, sin perder el humor, le respondió: "Pues, llevamos casi una semana como 'roommates', así que pensé que te gustaría que nos tratemos como tal".

Ambos estallaron en carcajadas, pero la risa también sirvió como un recordatorio: hacía falta reconectar. Esa misma noche, después de una buena conversación y de soltar todas las tensiones de la semana, decidieron que era momento de romper la racha y, por fin, recuperar esa chispa que tanto habían extrañado.

Los Mitos de la Sexualidad: De los Años 50 a Hoy

Hablar de sexualidad es, en muchos sentidos, como hablar de tendencias.

Lo que era imprescindible en los años 50 ahora se ve tan desfasado como un sombrero de copa. Con el paso de los años, nuestras ideas sobre la intimidad y la sexualidad han evolucionado y afortunadamente, ya que los mitos que rodeaban a la sexualidad en aquel entonces podían apagar incluso la chispa más romántica.

En los años 50, la sexualidad en pareja era un tema que se trataba (si es que se trataba) de forma discreta, casi clandestina. Las expectativas de la época imponían una distancia prudente entre la idea del "amor romántico" y el "deseo físico". Los roles eran claros y rígidos: el hombre era el "iniciador" y la mujer, la "pasiva" (o peor aún, la que se "sacrificaba" en nombre del amor y el deber conyugal). Hablar de satisfacción mutua o de exploración era casi impensable.

Es más, para muchos matrimonios, el tema de la intimidad era algo que se dejaba "para los jueves", justo después de terminar las tareas de la casa y de apagar las luces de la sala.

Hoy, por suerte, vivimos en un contexto diferente. Los mitos siguen existiendo, claro, pero las parejas modernas tienen acceso a información, recursos y una libertad para explorar y dialogar que era casi un sueño en los años 50. Ahora, hablar de la intimidad en una relación no solo es común, sino necesario. Las parejas actuales buscan que la intimidad sea un espacio de conexión genuina, de respeto mutuo y de disfrute compartido.

A continuación, vamos a explorar algunos de los mitos sobre la sexualidad que, aunque han cambiado con el tiempo, todavía persisten en algunos rincones de nuestra cultura. Compararemos cómo eran vistos en los años 50 y cómo los abordamos hoy, para que veamos cuánto hemos avanzado (y en qué todavía podemos mejorar).

Mito 1: "La Mujer no Tiene Deseos"

Años 50: Este era el mito rey. La creencia popular era que la mujer no tenía deseos sexuales propios; su "misión" era cumplir con el papel de esposa abnegada y complaciente, más preocupada por la cena lista y la casa impecable que por cualquier otra cosa. Si una mujer mostraba interés en la intimidad, era vista con sospecha o, peor aún, como "atrevida". La sexualidad femenina era, en muchos sentidos, un misterio... o un tema tabú.

Hoy:

Por suerte, este mito se ha ido derrumbando. Hoy en día, la sexualidad femenina se reconoce como una parte fundamental de la salud y el bienestar.

Las mujeres tienen no solo derecho, sino también libertad, de expresar sus deseos y de disfrutar plenamente de su vida íntima. Aunque algunos prejuicios persisten, cada vez más parejas entienden que el deseo es algo compartido y mutuo. La mujer ya no es una espectadora en la intimidad, sino una protagonista activa que también tiene derecho a disfrutar y explorar.

Mito 2: "El Hombre Siempre Quiere"

Años 50: Si un hombre "rechazaba" a su esposa o mostraba algún tipo de falta de interés, se consideraba algo casi inaceptable.

En aquella época, la sociedad esperaba que el hombre fuera siempre el que iniciara, como si estuviera "programado" para estar en un estado constante de deseo. Si esto no era así, se cuestionaba su masculinidad.

Hoy:

En la actualidad, hemos aprendido que el deseo masculino también es variable y que no significa menos masculinidad reconocer que hay momentos en los que no se está en el ánimo. Hoy entendemos que el estrés, la fatiga y las emociones afectan a ambos. La masculinidad ya no se mide en "constancia", sino en honestidad y en la habilidad de comunicarse sin presiones ni vergüenza.

Las parejas actuales valoran la comunicación sobre el estado emocional, y se entiende que no siempre habrá "chispas" cada noche (y que eso es completamente normal).

Mito 3: "Hablar de Sexo Mata la Magia"

Años 50: En aquella época, hablar de sexo era como mencionar el nombre de Voldemort. Se creía que la intimidad debía ocurrir sin palabras, casi por "instinto", y que preguntar o hablar abiertamente de lo que le gustaba al otro era una falta de respeto o un signo de "mala educación". En vez de comunicarse, las parejas dependían de suposiciones… lo que, como podemos imaginar, no siempre resultaba bien.

Hoy:

Hoy sabemos que la comunicación es el pilar de una buena relación íntima. Las parejas actuales hablan, exploran y se sienten libres de preguntar. ¿Qué te gusta? ¿Qué te hace sentir bien? Estas preguntas son naturales y ayudan a mantener viva la chispa. Se sabe que hablar de intimidad no solo no mata la magia, sino que la enciende aún más. La complicidad se construye en la confianza, y nada genera más confianza que la capacidad de abrirse sin miedo al juicio.

Mito 4: "La Intimidad es Solo Físico"

Años 50: En los años 50, la intimidad en pareja estaba casi exclusivamente ligada a la actividad física, sin mucho espacio para el afecto, las caricias o la conexión emocional. La idea era "hacer el deber" y seguir con la vida cotidiana. La intimidad se veía más como una responsabilidad que como una oportunidad para nutrir el vínculo emocional.

Hoy:

Las parejas modernas entienden que la intimidad es mucho más que lo físico. Es una combinación de emociones, gestos y pequeños momentos de cariño que construyen una conexión auténtica. Hoy se sabe que la verdadera magia de la intimidad incluye caricias, abrazos, palabras bonitas y una conexión emocional que trasciende el acto físico. La intimidad actual es como un "collage" de momentos compartidos que fortalecen la relación día a día.

Mito 5: "La Pasión es Solo para el Principio"

Años 50: En el pasado, había una creencia de que la pasión era algo temporal, "para los jóvenes". Las parejas mayores, en su mayoría, asumían que la intimidad era algo que iría apagándose con el tiempo y que, después de cierta edad, lo "normal" era que la relación se volviera simplemente compañerismo.

Hoy:

Actualmente, entendemos que la pasión no tiene fecha de caducidad. Las parejas modernas se esfuerzan por mantener viva la chispa, incluso después de años de estar juntos. La intimidad y el deseo no tienen una "fecha límite"; con creatividad, comunicación y esfuerzo mutuo, la pasión puede mantenerse y evolucionar, convirtiéndose en una parte fundamental de la relación sin importar los años que pasen.

En resumen, hemos recorrido un largo camino desde los años 50.

Hoy entendemos que la intimidad en pareja es algo que se construye y se nutre de manera continua. Ya no se trata de roles rígidos ni de cumplir expectativas ajenas; se trata de crear juntos un espacio de respeto, de conexión emocional y de libertad para ser auténticos.

Así que, aunque los mitos todavía pueden aparecer en algunas conversaciones, las parejas actuales tienen la oportunidad de construir una intimidad basada en la verdad, en la comunicación y en el deseo mutuo de explorar la relación desde un lugar de amor genuino. ¡Que vivan los tiempos modernos y que mueran los mitos!

Cómo Mantener la Llama de la Pasión Activa, a Pesar de Llevar Muchos Años de Relación

Es un hecho: con los años, la relación cambia. Las mariposas del inicio dan paso a la comodidad, la familiaridad y la rutina. Y aunque esos aspectos también son bellos y reconfortantes, no se puede negar que, si no se cuida, la pasión puede empezar a apagarse lentamente. La buena noticia es que, aunque la chispa del principio sea efímera, la llama de la pasión no tiene por qué extinguirse. De hecho, puede mantenerse activa y, en muchos casos, hacerse más fuerte y profunda con el tiempo.

Mantener la pasión es un arte y requiere dedicación. Es una mezcla de pequeños detalles, creatividad y el deseo de no dar por sentada a la otra persona. Porque, al final, la pasión es como una planta: si no la riegas y la cuidas, se marchita. Aquí te compartimos algunas estrategias que nos han funcionado a nosotros y que pueden ayudar a cualquier pareja a mantener viva la llama, sin importar cuántos años hayan pasado juntos.

1. Hagan de la Intimidad una Prioridad

Uno de los mayores enemigos de la pasión es la falta de tiempo y la rutina. Entre el trabajo, los hijos, las tareas de la casa y las preocupaciones del día a día, es fácil dejar la intimidad para "cuando haya tiempo".

Pero si queremos mantener la llama viva, debemos aprender a priorizarla. Esto significa planificar citas, reservar momentos para estar juntos y, sobre todo, no dejar que la intimidad sea algo accidental.

Planificar momentos de intimidad no tiene que quitarle la magia, al contrario. Nos permite recordar que ambos somos importantes y que vale la pena dedicar tiempo para disfrutar juntos. Puede ser tan sencillo como una noche de películas o tan elaborado como una escapada de fin de semana. Lo importante es que ambos sientan que el otro sigue siendo una prioridad.

2. Sorpréndanse el Uno al Otro

El factor sorpresa es clave para mantener la chispa en la relación. En los primeros años, cada pequeño gesto es una sorpresa, pero con el tiempo, se vuelve fácil caer en la rutina. Algo tan sencillo como sorprender a tu pareja con un mensaje inesperado, una carta de amor o incluso preparando su plato favorito puede tener un gran impacto.

La idea es recordar que el romance no es solo para el principio; puede estar presente en cualquier momento.

Las sorpresas no tienen que ser grandes ni costosas; lo importante es la intención. A veces, un simple "te amo" en medio del día o un beso sin razón aparente pueden hacer que tu pareja se sienta amada y deseada.

3. Exploren Nuevas Actividades Juntos

Uno de los secretos para mantener la pasión es salir de la rutina y compartir experiencias nuevas. Las parejas que exploran cosas nuevas juntas suelen sentir que están "redescubriéndose" constantemente.

Pueden intentar actividades que nunca han hecho antes: desde clases de cocina hasta deportes extremos, o incluso algo tan simple como probar un restaurante diferente o hacer una caminata en un lugar desconocido.

Al probar nuevas experiencias juntos, no solo están creando recuerdos, sino que también están fortaleciendo su conexión emocional. La novedad trae frescura a la relación y les permite ver lados diferentes de su pareja, lo que puede ser una chispa para la pasión.

4. Cuiden su Apariencia para el Otro

Este punto puede sonar superficial, pero es más importante de lo que parece. Cuando recién comenzamos una relación, solemos esforzarnos en lucir bien para nuestra pareja. Sin embargo, con el tiempo y la comodidad, podemos olvidar esos pequeños detalles que nos hacían sentir atractivos. Cuidar nuestra apariencia no significa pasar horas en el salón, sino simplemente mostrarle a nuestra pareja que queremos seguir siendo atractivos para él o ella.

Pequeños detalles como arreglarse un poco, usar ese perfume que sabemos que le gusta o vestir algo especial pueden hacer una gran diferencia. Al hacer esto, no solo mostramos interés en cómo nos ve nuestra pareja, sino que también reforzamos nuestra confianza y autoestima.

5. Mantengan la Comunicación Abierta

La comunicación es la base de toda relación, y cuando hablamos de intimidad, esto es especialmente cierto.

Hablar sobre nuestros deseos, nuestros miedos y nuestras expectativas en cuanto a la relación íntima nos permite entender mejor a nuestra pareja y nos ayuda a fortalecer el vínculo. No hay tema "tabú" entre dos personas que se aman y confían el uno en el otro.

Es importante recordar que cada uno tiene sus propios deseos y preferencias, y solo hablando de ellos podemos asegurarnos de que ambos estén satisfechos y felices. Si hay algo que no está funcionando o algo que gustaría cambiar, lo mejor es expresarlo de manera amorosa y abierta. La intimidad es un espacio donde ambos pueden crecer y aprender juntos.

6. No Subestimen el Poder de los Pequeños Gestos de Cariño

La pasión no solo se construye en los grandes momentos, sino también en los pequeños detalles diarios. A veces, los gestos más simples tienen el poder de reconectar y reavivar la chispa: un abrazo largo después de un día difícil, una caricia mientras ven una película, o simplemente tomarse de la mano mientras caminan. Estos pequeños momentos de afecto crean un ambiente de cercanía y conexión que prepara el terreno para la intimidad.

Nos hemos dado cuenta de que, en los días en que mostramos más cariño el uno al otro, la conexión íntima se vuelve natural, casi inevitable. Porque la pasión no es solo un "momento" físico; es el resultado de un amor bien cuidado, expresado a través de pequeños detalles todos los días.

"La intimidad es el acto de ver a otra persona en su totalidad y amarla a pesar de ello." **Elizabeth Gilbert**

Capítulo 9:

RUTINA Y ABURRIMIENTO.

"Todo tiene su tiempo, y todo lo que se quiere debajo del cielo tiene su hora."

Eclesiastés 3

Si hay algo que amenaza cualquier relación a largo plazo, es la rutina. Al principio, todo es novedad, emoción y descubrimiento. Pero con el tiempo, sin darnos cuenta, nos encontramos atrapados en una serie de hábitos y costumbres que, aunque dan estabilidad, también pueden llevarnos al tedio.

La rutina tiene un papel en la relación: nos permite organizarnos y nos da estructura. Pero cuando esta rutina se vuelve predecible y automática, el resultado puede ser la pérdida de la chispa y la sensación de que estamos viviendo en piloto automático.

La rutina puede ser cómoda, pero también puede volverse el enemigo silencioso de la conexión y la pasión. Es fácil caer en el día a día, en la repetición de actividades y en la comodidad de saber qué esperar, sin darnos cuenta de que, poco a poco, esa misma comodidad puede llevarnos a desconectarnos del otro. Y lo más peligroso es que el aburrimiento no llega de un día para otro; se instala lentamente, casi sin que nos demos cuenta. Este capítulo explora cómo la rutina puede afectar la relación, tanto en los buenos como en los malos momentos, y ofrece herramientas para identificar y romper esos ciclos de aburrimiento que todos, en algún momento, hemos experimentado. Porque, aunque la rutina sea inevitable, con un poco de esfuerzo y creatividad, es posible darle un giro y transformar cada día en una nueva oportunidad para reconectar.

CAYENDO EN LA RUTINA,
SIN DARNOS CUENTA

Había pasado un tiempo desde que nos habíamos dado cuenta de que algo estaba "apagado" entre nosotros. Al principio, no le dimos demasiada importancia; pensábamos que era solo una fase.

Ambos teníamos nuestras rutinas bien establecidas: trabajos, responsabilidades, compromisos familiares... La vida, básicamente, marchaba según el plan. Y aunque parecíamos una pareja normal, lo cierto es que cada día comenzaba a parecerse demasiado al anterior. La emoción del principio se había convertido en una secuencia de actividades que repetíamos casi de memoria.

Recuerdo un martes en particular. Me desperté y, como todos los días, John ya estaba en la cocina preparando el café. Nos dimos los buenos días con un beso en la mejilla, un gesto que ya se sentía mecánico. Desayunamos en silencio, cada uno con la mente ocupada en sus propias cosas, y luego cada uno se fue a sus tareas. Era un día como cualquier otro.

Esa noche, después de cenar, nos sentamos en el sofá a ver una serie. Era nuestra "actividad nocturna", una rutina que repetíamos cada noche: un episodio, una hora en el sofá, algunas palabras sueltas y luego a la cama. Pero esa noche, algo fue diferente. En algún momento de la serie, me di cuenta de que no recordaba cuándo fue la última vez que habíamos hecho algo diferente, algo que nos hiciera sentir esa chispa de novedad que tanto disfrutábamos al inicio.

De repente, me di cuenta de lo monótona que se había vuelto nuestra vida en pareja. Empezamos a hablar, con una mezcla de incomodidad y nostalgia, sobre cómo la rutina se había apoderado de nosotros.

Nos dimos cuenta de que no solo estábamos repitiendo los mismos actos día tras día, sino que hasta nuestros malos hábitos se habían convertido en rutina: las discusiones pequeñas, los silencios incómodos, la falta de interés en preguntar cómo estuvo el día del otro. Todo había caído en una especie de "piloto automático".

Decidimos que era momento de hacer algo al respecto. Sabíamos que no se trataba de planear grandes aventuras ni de buscar soluciones mágicas; simplemente queríamos volver a sentirnos presentes, a disfrutar de cada momento juntos.

Así que esa misma noche apagamos la serie, nos miramos y dijimos: "¿Por qué no hacemos algo diferente?" Salimos a dar una caminata nocturna por el vecindario, solo los dos, hablando de cualquier cosa, redescubriéndonos en medio de la quietud de la noche.

Esa caminata fue nuestro primer paso para romper con la rutina y recordar que, aunque el día a día puede ser monótono, siempre hay maneras de darle un toque de novedad. Desde ese momento, empezamos a buscar esos pequeños detalles que hacían la diferencia, esos momentos que nos sacaban de la zona de confort y nos recordaban por qué estábamos juntos.

Desentrañando el Conflicto: De lo Cotidiano a lo Profundo

La rutina, cuando no se gestiona bien, tiene el poder de transformar incluso los buenos momentos en algo predecible y aburrido. Y aunque es cierto que el ser humano es capaz de adaptarse a cualquier situación, incluso a lo tedioso, esto no siempre es positivo para una relación. Hay una delgada línea entre la estabilidad y el estancamiento, y cuando esa línea se cruza, el aburrimiento y la desconexión son inevitables.

Existen varias causas por las cuales la rutina se apodera de una relación:

1. Falta de Novedad:

Cuando llevamos tiempo juntos, tendemos a "automatizar" ciertas cosas, desde los saludos hasta las actividades diarias. Esta falta de novedad reduce la emoción y convierte lo que antes era especial en algo completamente ordinario.

2. Comodidad y Seguridad:

Al sentirnos seguros en la relación, podemos caer en la trampa de la comodidad. Nos acostumbramos a la presencia del otro, a saber, que estará allí sin importar qué, y esto hace que el esfuerzo por sorprender y por innovar disminuya con el tiempo.

3. Ocupaciones y Estrés Diario:

La vida moderna está llena de responsabilidades, y en medio del trabajo, las tareas domésticas y otras obligaciones, es fácil perder de vista la importancia de la relación. Sin darnos cuenta, dejamos de priorizar esos momentos de conexión, y la relación se convierte en una "tarea" más en nuestra lista.

4. Falta de Iniciativa:

A veces, el miedo al rechazo o la falta de comunicación nos hace asumir que "así están bien las cosas". Pero cuando ninguno toma la iniciativa para romper con la rutina, se crea un ciclo en el que ambos se sienten atrapados en lo mismo sin saber cómo salir.

El efecto de la rutina y el aburrimiento es profundo. Con el tiempo, una relación que no se alimenta de novedad y de momentos de conexión puede perder la chispa.

El aburrimiento en pareja no solo afecta la intimidad y el romance, sino que también debilita el vínculo emocional. Las parejas que viven en una rutina constante y sin cambios comienzan a sentir que están juntos solo por costumbre y no por elección, lo cual puede llevar a una desconexión cada vez mayor.

Pero la buena noticia es que el aburrimiento no tiene por qué ser el fin de la historia. Con un poco de creatividad y de esfuerzo, es posible transformar la rutina en algo positivo y construir una relación que, aunque estable, sea también emocionante y dinámica. En este capítulo, exploraremos cómo salir del piloto automático y redescubrir la emoción de estar juntos, incluso en los momentos más simples.

DATOS INTERESANTES

A medida que pasa el tiempo, muchas parejas se encuentran atrapadas en un fenómeno tan silencioso como poderoso: la rutina. Para algunos, la rutina en la relación llega de manera imperceptible, como una suave brisa que se cuela en los pequeños momentos. Todo empieza con la comodidad de saber que siempre está ahí, con la certeza de que esa persona comparte el mismo espacio, los mismos sueños y, eventualmente, los mismos días. Sin embargo, esa misma certeza puede, poco a poco, apagar la chispa que una vez encendió su relación.

Imagina a Carla y David. Llevan ocho años juntos y, aunque ambos se aman, ya no recuerdan cuándo fue la última vez que hicieron algo espontáneo o emocionante. Sus conversaciones giran en torno a la lista del supermercado, las cuentas por pagar y quién recogerá a los niños de la escuela.

Al final del día, ambos se desploman en la cama, exhaustos, deseando tener la energía y la motivación que sentían al inicio de su relación. Pero, ¿qué sucedió? ¿Cómo algo tan bonito se transformó en algo tan predecible?

La realidad es que esta situación no es exclusiva de Carla y David. Estudios indican que entre el 40% y el 50% de las personas en relaciones estables admiten sentirse atrapadas en la rutina. No es que el amor haya desaparecido; más bien, se ha escondido detrás de la monotonía y las responsabilidades del día a día. La pasión y el entusiasmo que una vez los unieron han sido reemplazados por la seguridad de lo conocido, lo cotidiano y, en muchos casos, lo aburrido.

El problema de la rutina es que, al instalarse, actúa como un velo que cubre la esencia de la relación. Lo que antes era una conexión vibrante se convierte en una serie de movimientos mecánicos. Es como ver una película en la que ya sabes el final: aunque la historia sigue ahí, ya no te emocionas igual. La rutina, si no se aborda, puede erosionar la relación desde adentro, apagando la chispa de la conexión y haciendo que cada día se sienta un poco más vacío.

La buena noticia es que la rutina no tiene que ser el final de la historia. Aunque muchas parejas enfrentan esta situación, también existen formas de recuperar esa frescura y entusiasmo perdidos. La clave está en recordar lo que los unió en primer lugar, en encontrar nuevos momentos que rompan con la cotidianidad y en redescubrirse el uno al otro. Porque al final del día, la rutina solo tiene el poder que se le permite tener. Con voluntad y pequeños gestos de amor, cualquier pareja puede transformar sus días comunes en algo extraordinario.

La Rutina como una Oportunidad para Redescubrir el Amor

A lo largo de este capítulo, hemos explorado cómo la rutina puede ser una espada de doble filo en nuestras relaciones.

Nos ofrece estabilidad y estructura, sí, pero cuando se instala sin darnos cuenta, también puede apagar la chispa que una vez hizo especial nuestro vínculo.

Hemos visto cómo, con el paso del tiempo, la novedad y la emoción inicial pueden transformarse en actos cotidianos, en gestos automáticos que repetimos sin realmente sentirlos. La rutina puede ser cómoda, pero si no tenemos cuidado, puede volverse un obstáculo silencioso que entorpece la conexión y nos hace olvidar el "por qué" de estar juntos.

Quizás la mayor trampa de la rutina es que se filtra en nuestra vida sin darnos cuenta. Cada día, entre compromisos laborales, responsabilidades familiares y nuestras rutinas personales, la relación de pareja se va quedando en un segundo plano, volviéndose una constante sin sorpresas. Y el problema no es la rutina en sí, sino cómo reaccionamos ante ella.

En algún punto, puede parecernos que lo tenemos todo bajo control, que "así están bien las cosas." Pero lo que estamos viendo en realidad es una relación que funciona en piloto automático, en la que cada movimiento es predecible y cada conversación una repetición.

La reflexión aquí es que la rutina no tiene que ser nuestra enemiga; en lugar de eso, puede ser una llamada a reinventarnos, a despertar de ese letargo y buscar conscientemente maneras de hacer que cada día cuente. Porque el amor no es un estado estático; es una elección diaria, un compromiso constante de mantener viva la conexión y de sorprendernos, incluso en los detalles más pequeños.

Piensa en esto: ¿cuántas veces damos por sentado que la persona a nuestro lado estará allí, sin pensar que, en el fondo, el amor necesita ser alimentado? Los grandes gestos no siempre son los que mantienen la chispa; a veces, es el simple acto de mirarnos realmente, de preguntar cómo estuvo el día con genuino interés, de elegir salir a caminar sin rumbo fijo solo para compartir un momento sin distracciones.

Romper con la monotonía no requiere grandes aventuras ni cambios radicales. Lo que necesita es nuestra atención, nuestra intención y, a veces, un poco de creatividad.

Transformar una simple cena en un momento especial, o incluso tomarse el tiempo para escribir una nota de amor y dejarla en la almohada, puede cambiar la dinámica de un día cualquiera.

"La felicidad de la vida consiste en tener siempre algo que hacer, alguien a quien amar y algo que esperar." Thomas Chalmers

Capítulo 10

EL PODER DEL PERDÓN Y LA FE.

"Es, pues, la fe la certeza de lo que se espera, la convicción de lo que no se ve." Hebreos 11:1

El Perdón como Fundamento del Amor

En toda relación, habrá momentos de dolor, malentendidos y heridas. Por muy fuertes que sean los lazos, todos somos humanos y, a veces, cometemos errores que lastiman a quien amamos. Es en esos momentos de vulnerabilidad y dolor cuando el perdón se convierte en un acto esencial, un cimiento sobre el cual el amor puede volver a construirse y fortalecerse.

El perdón no es solo un acto de compasión hacia la otra persona; es un regalo que le hacemos a nuestra propia alma y a nuestra relación. Es una decisión de liberarnos del peso del resentimiento y de permitir que el amor florezca nuevamente. Como pareja, hemos aprendido que el perdón es una de las expresiones más puras del amor y que, cuando lo practicamos de corazón, permitimos que Dios entre y sane las heridas que el orgullo y el dolor nos han causado.

Nos inspira recordar esta frase: "El perdón es un acto de amor y fe, una decisión de sanar juntos y permitir que Dios restaure lo roto." Creemos que, en cada acto de perdón, no solo restauramos nuestra relación, sino que también renovamos nuestro compromiso de amarnos a pesar de las dificultades y de poner nuestra fe en Dios como el restaurador de lo que se ha quebrado. Porque, en última instancia, el perdón no se trata de olvidar o de minimizar lo que pasó, sino de elegir el amor y la sanación por encima del resentimiento.

Un Momento de Perdón

Recuerdo claramente ese día en que el perdón se convirtió en el salvavidas de nuestra relación. Habíamos tenido una discusión fuerte, una de esas que dejan marcas y que no se solucionan con un simple "lo siento".

En medio de las palabras duras y el enojo, ambos nos dijimos cosas que no sentíamos realmente, cosas que estaban más alimentadas por el orgullo y la frustración que por el amor que compartimos.

Después de la discusión, cada uno se fue a su rincón, en silencio, dándole vueltas a lo que había pasado. Yo, Margarita, estaba enojada, pero también me sentía herida. Sabía que había cosas que debía perdonar y que también debía pedir perdón. Era un momento de esos en los que el orgullo quiere ganar, en los que parece más fácil guardar el resentimiento que abrir el corazón y sanar.

Esa noche, después de horas de reflexión, me armé de valor y le pedí a Dios que me ayudara a soltar el enojo. Sentí que el perdón no era solo una necesidad para nosotros, sino una oportunidad para sanar y para construir un amor más fuerte. Cuando volví a la habitación, miré a John, quien también se veía abatido, y en lugar de seguir discutiendo, me senté a su lado y le tomé la mano. Le pedí perdón por las palabras hirientes que había dicho, y él, con los ojos llenos de lágrimas, hizo lo mismo.

Esa noche, el perdón no fue solo un acto de palabras; fue un momento de humildad, de reconocer nuestros errores y de dejarnos guiar por el amor que Dios pone en nosotros. Fue un momento en el que comprendimos que el amor verdadero implica ser vulnerables, dispuestos a soltar el orgullo y a pedir ayuda en la fe cuando las fuerzas humanas no son suficientes. El perdón nos permitió sanar y seguir adelante, con la certeza de que, aunque el camino del amor tiene sus dificultades, siempre podemos encontrar en Dios la fuerza para continuar.

¿Por Qué Cuesta Perdonar?

¿Por qué es tan difícil perdonar? ¿Por qué, aunque sabemos que el perdón es la puerta a la paz, a veces nos aferramos al resentimiento? Perdonar no es fácil. Implica enfrentar nuestras propias heridas y soltar el orgullo, el cual muchas veces nos hace creer que mantener el enojo nos protege de volver a ser lastimados.

Una de las razones principales por las que cuesta perdonar es el miedo a ser vulnerables. Perdonar significa abrir el corazón nuevamente, confiar una vez más en la persona que nos lastimó y asumir el riesgo de que, tal vez, volvamos a ser heridos. La vulnerabilidad que exige el perdón es algo que muchas veces nos asusta, porque no queremos sentirnos expuestos ni vernos nuevamente en una posición de dolor.

Otra razón es el orgullo, ese deseo de "tener la razón" y de no mostrarnos débiles.

En ocasiones, el orgullo se convierte en un escudo que usamos para proteger nuestro ego y nuestras emociones. Nos decimos a nosotros mismos que perdonar es "ceder" o "perder" y que, al no perdonar, estamos demostrando fortaleza. Pero, en realidad, el orgullo solo nos aleja de la paz y nos encierra en una cárcel de resentimiento.

Finalmente, está el dolor de sentirse traicionados. Perdonar no significa olvidar ni minimizar el daño, y cuando alguien nos ha lastimado profundamente, es natural que sintamos la necesidad de protegernos de futuras heridas. El perdón, en estos casos, se convierte en un proceso, uno que exige tiempo y el deseo genuino de sanar. Perdonar no es justificar el dolor ni borrar los recuerdos; es tomar la decisión consciente de no permitir que ese dolor gobierne nuestra vida.

Es en estos momentos de dificultad que la fe se convierte en nuestro aliado más poderoso. En nuestra experiencia, hemos aprendido que el perdón verdadero solo se logra cuando lo entregamos a Dios y dejamos que Su amor sane las heridas. Dios nos enseña que el perdón es una elección, una decisión de dejar ir el resentimiento y de dar espacio a la sanación. No significa que olvidemos lo que pasó, sino que decidimos avanzar sin que el pasado defina nuestro futuro.

Cuando el orgullo o el miedo nos impiden perdonar, la fe nos recuerda que somos más que nuestro dolor, que el amor tiene el poder de sanar y que, al perdonar, estamos permitiendo que Dios restaure lo que se ha roto. Porque, en última instancia, el perdón es un acto de fe, de confiar en que Dios tiene el poder de sanar y de hacer nuevas todas las cosas.

Soluciones Prácticas: Pasos para Cultivar el Perdón en Pareja

El perdón no es un proceso fácil, y muchas veces no sucede de un día para otro. Requiere compromiso, empatía y, sobre todo, un deseo genuino de sanar y de seguir adelante juntos.

Aquí te compartimos algunos pasos que nos han sido útiles para cultivar el perdón en nuestra relación y que creemos pueden servir de guía para cualquier pareja que esté enfrentando el desafío de perdonar.

Reconocer y Aceptar el Dolor El primer paso para perdonar es reconocer el dolor y darle el espacio que necesita. A veces, en el intento de "superar" rápido una situación, podemos caer en la tentación de minimizar lo que sentimos o de callarlo. Pero el perdón no puede nacer de la negación. Permítanse sentir y expresar el dolor, hablen de lo que realmente les ha lastimado. Escuchar y ser escuchado sin juicio es una de las bases del perdón.

Ambos necesitan permitirse ser vulnerables y expresar lo que sienten. Esto no significa recriminar, sino ser honestos sobre cómo la situación los ha afectado. Al compartir lo que hay en su corazón, sin minimizar ni exagerar, abren un camino de empatía que es fundamental para comenzar a sanar.

Recordar la Humanidad de la Otra Persona

Es fácil, en momentos de dolor, ver a la pareja como el "culpable" y olvidar que también es un ser humano con imperfecciones. Recordar la humanidad de la otra persona, con sus defectos y virtudes, nos permite ver más allá del error y recordar todas las veces en que también hemos fallado. El perdón es un acto de empatía, una elección de ver al otro no solo por su error, sino por todo lo que significa en nuestra vida.

Practicar la empatía y recordar que todos cometemos errores puede abrir el corazón para comprender y perdonar. La otra persona es mucho más que su error; es alguien con quien hemos compartido momentos valiosos y que, como nosotros, está en constante aprendizaje. Esta perspectiva nos ayuda a verlo todo de una manera más amorosa.

Orar Juntos por Sanación:

La oración es una herramienta poderosa cuando se trata de sanar heridas profundas. Tomarse de las manos y pedir juntos a Dios que les ayude a liberar el dolor y el resentimiento puede traer una paz y una fuerza que van más allá de lo que las palabras humanas pueden ofrecer.

Orar en pareja es una manera de invitar a Dios a ser parte del proceso de sanación, de pedirle que llene los espacios que nosotros, por nuestra propia cuenta, no logramos sanar.

Sugerimos una oración sincera, sin palabras rebuscadas, donde ambos puedan pedir a Dios la paz y la fortaleza para liberar cualquier rencor. Al hacerlo, reconocen que necesitan Su ayuda y se abren a la posibilidad de que el amor divino restaure lo que se ha roto. Este acto de humildad y fe puede transformar el dolor en una experiencia de unión y crecimiento.

Visualizar un Futuro Mejor Juntos

El perdón no es solo un acto de sanar el pasado, sino también de construir el futuro. Inviten a sus corazones a imaginar cómo sería su relación si deciden perdonarse y dejar atrás las heridas. Visualizar un futuro mejor juntos les da una razón para esforzarse, para sanar y para recordar que el amor que comparten es más fuerte que cualquier error.

Este ejercicio de visualización ayuda a recordar que el perdón no es un punto final, sino el inicio de una nueva etapa en la relación. Imaginen juntos los momentos de alegría, de conexión y de paz que pueden construir si deciden soltar el rencor. Este tipo de visión les dará esperanza y motivación para enfrentar el proceso de perdón con determinación.

Reflexión Espiritual: El Perdón Divino como Ejemplo

En nuestra fe, encontramos un ejemplo constante de perdón en la forma en que Dios nos ama y nos perdona una y otra vez. No importa cuántas veces hayamos fallado, Él siempre está dispuesto a darnos una nueva oportunidad, a limpiarnos y a acogernos nuevamente en Su amor. Este perdón divino es una invitación para nosotros, un recordatorio de que el amor verdadero no se rinde ni se cansa de perdonar.

Perdonar en una relación no siempre es fácil, pero al recordar que Dios nos perdona sin condiciones, encontramos una guía poderosa para perdonar a nuestra pareja. No significa olvidar lo sucedido o actuar como si nada hubiese pasado, sino tener la humildad de reconocer que, como Dios nos perdona, nosotros también podemos mostrar misericordia.

Nos inspira profundamente el versículo de Efesios 4:32: "Sed amables y compasivos unos con otros, y perdonaos mutuamente, así como Dios os perdonó en Cristo." Este pasaje nos recuerda que el perdón es un acto de compasión y amabilidad, una decisión de ver a la otra persona con los ojos de amor con los que Dios nos mira.

Cuando perdonamos con el ejemplo de Dios en mente, no solo sanamos nuestras propias heridas, sino que permitimos que Su amor transforme nuestro corazón. Este perdón divino nos enseña a dejar ir el orgullo y el resentimiento, y a abrazar la paz que trae el amor verdadero.

El perdón, inspirado en la fe, es la semilla que Dios siembra en nuestros corazones para que el amor crezca más allá del dolor, más allá de los errores, y nos guíe hacia una relación que refleje la misericordia y la gracia de Su amor.

Ejercicio en Pareja: El Ritual del Perdón

El perdón es un acto poderoso, pero también es un proceso. Para ayudar a que el perdón no sea solo una idea abstracta, proponemos un ejercicio práctico que pueden hacer juntos, un "Ritual del Perdón" que los ayude a expresar lo que sienten y a dejar atrás el resentimiento. Este ejercicio no solo es una forma de sanar, sino también de fortalecer la conexión y la confianza en la relación.

Instrucciones para el Ritual del Perdón:

1. Encuentren un Espacio de Tranquilidad

Este ejercicio requiere un ambiente de paz y privacidad. Busquen un momento en el que ambos estén tranquilos, sin distracciones. Apaguen los teléfonos, elijan un lugar cómodo y estén dispuestos a abrir el corazón.

2. Tomen Turnos para Compartir una Herida

Uno a la vez, hablen sobre algo que les haya dolido en la relación. Esto no es una oportunidad para recriminar ni para discutir, sino para expresar de manera honesta y serena cómo ciertos momentos o situaciones les afectaron.

Traten de usar frases como "Me sentí..." en lugar de acusaciones. Este paso requiere empatía y respeto, tanto para quien habla como para quien escucha.

3. Expresen: "Te perdono" o "Te pido perdón"

Una vez que ambos hayan compartido sus sentimientos, es momento de la reconciliación. Si uno siente que debe pedir perdón, este es el momento para hacerlo sinceramente. Y si el otro siente que puede perdonar, que lo diga en voz alta. Las palabras "Te perdono" o "Te pido perdón" tienen un peso emocional que, cuando se expresan con el corazón, pueden liberar de manera profunda.

4. Un Abrazo de Reconciliación

Después de expresar el perdón, abrácense. Este abrazo simboliza el cierre de la herida y el inicio de una nueva etapa. Permitan que el abrazo dure el tiempo necesario para que ambos sientan la paz y el amor que quieren cultivar en su relación.

En ese abrazo, sientan que están dejando atrás el dolor y el resentimiento, y que están listos para caminar juntos con un corazón renovado.

5. Una Oración de Gratitud y Sanación

Si ambos se sienten cómodos, terminen el ejercicio con una breve oración. Pueden decir algo como: "Dios, gracias por la fuerza de tu amor, por darnos la humildad para pedir perdón y el valor para perdonar. Ayúdanos a seguir adelante, con fe en Ti y en el amor que hemos construido. Amén." Esta oración es una manera de agradecer a Dios por el don del perdón y de pedir Su guía para sanar y fortalecer su relación.

6. Objetivo del Ritual del Perdón:

Este ejercicio les permite practicar el perdón de una manera tangible, dándole un cierre emocional a situaciones dolorosas y permitiéndoles avanzar con una conexión más profunda y con el corazón en paz.

7. Conclusión: Perdonar es Amar de Nuevo

Perdonar es un acto de valentía, un compromiso de amor y un paso hacia la sanación. En este capítulo, hemos explorado el poder del perdón y cómo, con la fe y la voluntad de Dios, podemos superar incluso las heridas más profundas. Perdonar no significa que olvidamos el pasado ni que minimizamos el dolor, sino que decidimos no permitir que esas heridas controlen nuestro presente y nuestro futuro.

Cuando elegimos perdonar, estamos eligiendo amar nuevamente, darle a nuestra relación una oportunidad de renacer con una base más fuerte. El perdón no es un signo de debilidad, sino una manifestación de un amor profundo que está dispuesto a crecer y a aprender. Es un acto de fe en el otro y en Dios, quien nos enseña que el amor verdadero no guarda rencor y que la gracia puede transformar cualquier situación.

Nuestro deseo es que cada pareja pueda encontrar en el perdón la paz y la fortaleza que necesitan para enfrentar los retos del camino juntos. Porque, al final, perdonar es una elección de amor y de esperanza, una oportunidad para construir una relación renovada, en la que el pasado no es una carga, sino una lección que nos ha permitido crecer y amar con mayor plenitud.

Recuerda siempre esta frase:

"Perdonar es elegir el amor y abrir el camino hacia una relación renovada en fe y esperanza." Que el perdón sea el cimiento sobre el cual construyan una vida juntos, confiando en que, con amor y fe, no hay herida que no pueda sanar. La fe y el perdón no son emociones; son decisiones." Joyce Meye

www.ingramcontent.com/pod-product-compliance
Lightning Source LLC
Chambersburg PA
CBHW052129270326
41930CB00012B/2811